古典文獻研究輯刊

十二編

潘美月・杜潔祥 主編

第 18 冊

西周銅器銘文所載賞賜物之研究
——器物與身分的詮釋（下）

鄭憲仁 著

國家圖書館出版品預行編目資料

西周銅器銘文所載賞賜物之研究——器物與身分的詮釋（下）
／鄭憲仁 著 — 初版 — 新北市：花木蘭文化出版社，2011〔
民 100〕
目 4+310 面；19×26 公分
（古典文獻研究輯刊 十二編：第 18 冊）
ISBN：978-986-254-411-2（精裝）
1. 青銅器　2. 金文
011.08　　　　　　　　　　　　　　　　　　100000220

ISBN-978-986-254-411-2

9 789862 544112

古典文獻研究輯刊
十二編　第十八冊　　　　　　　　　ISBN：978-986-254-411-2

西周銅器銘文所載賞賜物之研究
——器物與身分的詮釋（下）

作　　者　鄭憲仁
主　　編　潘美月　杜潔祥
總 編 輯　杜潔祥
企劃出版　北京大學文化資源研究中心
出　　版　花木蘭文化出版社
發 行 所　花木蘭文化出版社
發 行 人　高小娟
聯絡地址　新北市永和區中正路五九五號七樓之三
　　　　　電話：02-2923-1455／傳真：02-2923-1452
網　　址　http://www.huamulan.tw 信箱 sut81518@ms59.hinet.net
印　　刷　普羅文化出版廣告事業
初　　版　2011 年 3 月
定　　價　十二編 20 冊（精裝）新台幣 31,000 元

西周銅器銘文所載賞賜物之研究
——器物與身分的詮釋（下）

鄭憲仁　著

目

次

第四章　身分：爵位和職官

　　西周銅器銘文中的人物之身分可以由「爵位」、「職官」、「宗族」三個要素進行分析，這三個要素常是不可分割的。爵位大致可以分為「諸侯、大夫、士」三個大等級，每個等級又可再細分為小等級，本章第一節就以此切入以探究冊命金文中的爵位。

　　「職官」是西周金文的一大課題，《周禮》是一部關於先秦官制的重要典籍，不少學者在金文和傳世文獻的對比方面下了很多功夫，對於西周金文與《周禮》的比較，提出可觀的意見，多數的意見都指向「修補」《周禮》的記載。確認身分、授予官職是冊命舉行的主要目的，也是受賜者身分定位的重要依據，本章第二節就此以探討冊命金文中所授的職官等級。

　　第三個構成身分的要素是「宗族」，包含了宗法、種族、婚姻關係等內涵。宗法和世官制度息息相關；銅器銘文中的人物的民族屬性有周民族（又可分為周天子宗族如井庡等、周貴族如召白等）、殷民族（如散史家族），也有這兩大民族以外的其他異族（如夨國、強國）；婚姻關係與身分也有一定的影響。

　　以上三個構成身分的要素，宗族是基本的與生俱來的身分，而爵位和職官是後天增加的身分，對於賞賜銘文的分析，以「爵位」和「職官」兩個切入點對於等級的探討較能得出結果，因此本章就這兩個要素來探討，以求和賞賜物的等級做繫聯。

　　《左傳・昭公七年・傳》關於身分等級有十等的說法：

　　　天有十日，人有十等，下所以事上，上所以共神也。故王臣公，公

臣大夫，大夫臣士，士臣皁，皁臣輿，輿臣隸，隸臣僚，僚臣僕，

僕臣臺。馬有圉，牛有牧，以待百事。

引文的「臣」就有職屬的意思，這十等中，「公」、「大夫」、「士」是習稱的貴族階級，而這些階級的呈現就表現在爵位上，也是本章第一節的切入點。第二節以職官為身分等級的切入點，第三節為全章的小結，由爵位和職官闡明受賜者的身分。

第一節　西周爵位的等級

關於爵位的等級，傳世文獻以「等」、「命」和「上中下」為區別，常見的有五等爵、九命（命數）以及將大夫和士分為上中下三級，這些記載有些和銅器銘文所呈現的實際情況是相同的，但也存在後人以今說古或擬古的現象，所以有必要先釐清西周時期，貴族是如何分等。

關於西周爵位的等級，前人立說的重要依據來自幾條文獻：

●《孟子・萬章下》：「北宮錡問曰：『周室班爵祿也，如之何？』孟子曰：『其詳不可得聞也，諸侯惡其害己也，而皆去其籍。然而軻也嘗聞其略也。天子一位，公一位，侯一位，伯一位，子、男同一位，凡五等也。君一位，卿一位，大夫一位，上士一位，中士一位，下士一位，凡六等。天子之制，地方千里，公侯皆方百里，伯七十里，子、男五十里，凡四等。不能五十里，不達於天子，附於諸侯，曰附庸。天子之卿受地視侯，大夫受地視伯，元士受地視子、男。大國地方百里，君十卿祿，卿祿四大夫，大夫倍上士，上士倍中士，中士倍下士，下士與庶人在官者同祿，祿足以代其耕也。次國地方七十里，君十卿祿，卿祿三大夫，大夫倍上士，上士倍中士，中士倍下士，下士與庶人在官者同祿，祿足以代其耕也。小國地方五十里，君十卿祿，卿祿二大夫，大夫倍上士，上士倍中士，中士倍下士，下士與庶人在官者同祿，祿足以代其耕也。』」

《孟子》這段話可以分成三個層次來看，第一個層次是天子諸侯「五等」，第二個層次是君臣「六等」，第三個層次是「封地」等級，為了清楚表現這段的層次等級，本文試擬一表呈現：

天子諸侯	君臣六等	封地等級		
天子		方千里		
公	君	方百里	天子之卿	大國
侯				
伯		七十里	天子大夫	次國
子男		五十里	天子元士	小國
	卿			
	大夫			
	上士			
	中士			
	下上			

● 《禮記‧王制》：「王者之制祿爵：公、侯、伯、子、男，凡五等。諸侯之上大夫卿〔註1〕、下大夫、上士、中士、下士，凡五等。」

● 《禮記‧王制》：「天子之田方千里，公侯田方百里，伯七十里，子男五十里。不能五十里者，不合於天子，附於諸侯曰附庸。天子之三公之田視公侯，天子之卿視伯，天子之大夫視子男，天子之元士視附庸。」

由上面的引文來看，諸侯的分級可以列出一個等級表：

說法	孟 子			王 制		
	爵位等級	封國等級		爵位等級	封國等級	
公	公	公侯		公	公侯	天子三公
侯	侯		天子之卿	侯		
伯	伯	伯	天子大夫	伯	伯	天子之卿
子	子男	子男	天子元士	子	子男	天子大夫
男				男		
附庸		附庸			附庸	天子元士

孟子言其詳不可得聞，可見戰國早期對於周室的爵位制度是不清楚的，然而他提出所知的情況，在封國授土田的等級和〈王制〉大體一致（當然有可能後者襲自前者），在天子的卿、大夫、士和諸侯封土的對應上，和〈王制〉有

〔註1〕鄭玄注：「上大夫曰卿。」

別。在爵位等級上，孟子的說法將子男合爲一位，且將天子列爲一位，雖是五等實於諸侯爲四等。

　　不論是《孟子》或是〈王制〉的意見，都引起學者的懷疑，而提出懷疑的方式有二：一是利用傳世古籍如《尙書》、《詩經》、《左傳》等記錄，來校覈五等爵的說法，二是由金文中出現的爵稱來提出質疑。傅斯年先生在〈論所謂五等爵〉一文中對「五等爵」提出四點矛盾：（一）與《尙書》不合、（二）與《詩》不合、（三）與金文不合、（四）以常情推之亦不可通。〔註2〕郭沫若先生於〈金文所無考〉一文的第六點「五等爵祿」也提出質疑。〔註3〕學術界對五等爵提出質疑的文章甚多，大致上以銅器銘文立說。

　　「公」於金文中常見，除了作爵位之稱，也常使用爲對父祖尊稱或官長的尊稱；「厌（侯）」與「白（伯）」則爲爵位之稱，就銅器銘文乍看：稱侯者有稱公之例，如雁公與雁侯、魯公與魯厌；稱白者亦有稱公之例，如毛公與毛白、䵼公與䵼白；稱厌亦有稱白之例，如井厌與井白。但不能因此而推公、厌、白無別，因爲大多數的例子是不相混的，於仔細分析則「公」與「厌白」在性質上有別，公（去除追稱、尊稱）做爲爵位，是不能世襲的，召公後裔在燕厌這支以外，留於周中央的嗣位者稱召白（如召伯虎），除非成爲王之卿事，否則爵稱爲「白」而不是「公」。上文所舉的如「毛公」和「毛白」也是這樣的，毛這一族系的爵位是「白」，受王重用爲卿事，則爵位爲「公」，〈班殷〉04341 就清楚地記錄這樣的變化：

> 隹（唯）八月初吉，才（在）宗周。甲戌，
> 王令毛白（伯）更虢𧛔（城）公服，粤（屛）
> 王立（位），乍（作）三（四）方亟（極），秉緐、蜀、巢
> 令，易（錫）鈴、䁈，咸。王令毛公㠯
> 邦冢君、土駿、戜人，伐東或（國）
> 痛戎，咸。王令吳白（伯）曰：「㠯乃
> 自右（左）比毛父。」王令呂白（伯）曰：
> 「㠯乃自右比毛父。」……

〔註2〕傅斯年：〈論所謂五等爵〉，《中央研究院歷史語言研究所》第二本第一分，1930年5月，頁110～111。

〔註3〕郭沫若：〈金文所無考〉，《金文叢考》（北京：人民出版社，1952年），頁51～53。

銘文中清楚說明毛白接續虢公的職位（成爲王的卿事），由白升爲公，他領軍東征，而吳白與呂白爲毛公的左右軍，可見公比白高一級，而虢軏公之後並未襲爵，可見公是不世襲的。目前可以肯定西周世襲的公爵只有周公，這和第一任周公（姬旦）的功蹟浩大有關。

本文認爲「公」用爲尊稱與爵位，在身分的識別較不明確，而「灰」與「白」則多以作爲爵稱，灰與白的尊卑則未可遽論。〈大盂鼎〉云「殷邊灰（侯）、田（甸）雩（與）殷正百辟」，是侯在殷爲邊域諸侯之稱，王貴民先生的研究認爲：

> 商代的中層政權，文獻記載是侯甸男衛伯五種，甲骨文出現的有侯伯子男田衛六種，還有牧，介於軍事與政職之間。西周是侯甸男采衛，周初似不稱伯……侯甸男衛等，最初確是爲王室的軍事防衛和農牧墾殖等服務不同職名，後來逐漸發展爲諸侯。在商代晚期大概已經開始了這種轉變，西周分封時加以完成，把原來區分職責的名稱轉用爲封國君亦即地方首腦區別大小等級的稱號。〔註4〕

首先要說明的是西周早期〈害鼎〉02749的「盠白」、〈盂爵〉09104的「昪（鄧）白」，是西周早期稱白（伯）的例子，可修正王貴民先生「周初似不稱伯」的說去。至於「區分職責」轉爲「封國君的稱號」之說，值得留意。

子、男之稱西周金文甚少見，《孟子》將之規爲一級，多少是有道理的。

公侯伯子男五種爵稱於西周常見的爲公侯伯三者，而稱公者如「周公」、「盠公」、「毛公」、「畢公」地位卓尊，然亦有小國稱公的現象，所以將公視爲尊稱是較圓通的處理方式，而西周諸侯一般稱灰和白。王世民先生研究西周春秋金文中的諸侯爵稱指出：

> 西周金文的公，主要有兩種情況：
>
> 第一，身居高位的天子重臣。他們生前和死後都稱「某公」，有的見於《尚書》等文獻記載。
>
> 第二，死後追稱的謚號。西周早晚期的器銘多有。〔註5〕
>
> 西周金文之伯，大體屬於文獻記載較少的一些小國，有的應是畿內封君。〔註6〕

〔註4〕王貴民：《商周制度考信》（台北：明文書局，1989 年 12 月），頁 103。
〔註5〕王世民：〈西周春秋金文中的諸侯爵稱〉，《歷史研究》1983：3，頁 12～13。
〔註6〕同上註，頁 14。

侯這種爵稱，行用比較普遍。這裏主要有燕、魯、衛等同姓諸侯，
勛勞卓著的姜齊，以及周初襃封的前代帝王之後。

公、伯兩種爵稱，西周時期公爲王之卿士，伯則爲畿內的若干小國
之君。〔註7〕

王的卿事爲公，來自外服的侯或內服的伯，而大多數是內服的伯升任，公、
侯、伯都是諸侯階層，但可將之分爲公一級，侯和伯一級。

　　在西周賞賜銘文中猶要重視的是「器主的自稱」或「冊命辭對其稱呼」
兩類，因爲自稱可以避去尊稱的問題，而周王冊命辭所言必是其爵位，以上
兩類最無可爭議，王貽樑先生對西周內服職官的爵位提出八個判斷方法：（一）
根據爵稱判斷、（二）根據官名判斷、（三）根據「右」者判斷、（四）根據冊
命賞賜判斷、（五）根據具體職掌判斷、（六）根據排列順序判斷、（七）根據
人物關聯判斷、（八）根據墓葬制度判斷。〔註8〕這八個方法對於判定爵位可
謂細密，但是銅器銘文中的資料有限，而官名、墓葬制度仍可再探究，對於
右者與受賜者關係則學界意見仍有歧異，因此本文探用「器主的自稱」或「冊
命辭對其稱呼」兩類來探究，以避免疑似之間的問題，器主自稱或有托大之
嫌，但在處理上本文儘可能小心分辨。符合這兩類的器有：

●冊命賞賜部分

編　號	器　名	賞賜內容	所稱爵位	時代
04241	燮作周公殷（井矦殷）〔註9〕	臣三品州人重人章人	矦	A
04320	宜侯矢殷	鬯一卣商瓚一□彤弓一彤矢百旅弓十旅矢千易土氒川三百□氒□百又廿氒宅邑卅又五□氒□百又卌易才宜王人□又七生易奠七白氒盧□又五十夫易宜庶人六百又□六夫	矦	A

〔註7〕　同上註，頁17。
〔註8〕　王貽樑：〈概論西周內服職官的爵位判斷〉，《中華文史論叢》1989：1，頁23
　　　　～37。
〔註9〕　此器銘文云：「王令燮（榮）眔內史曰：『薴井（邢）矦（侯）服，易（賜）
　　　　臣三品：州人、重人、章（庸）人。』揱（拜）頡（稽）首，魯天子穸（造）
　　　　氒（厥）瀕福，克奔徒（走）上下，帝無冬（終）令玽（于）有周，追考（孝）
　　　　對不敢家（墜），卲（昭）朕福盟，朕臣天子，用典王令，乍（作）周公彝。」
　　　　是作器人爲井矦（邢侯），器名當稱爲井矦殷。

編號	器名		銘文自稱	時代
N199001 N199002	太保罍 太保盉	厥于匽旂羌馬戲雩馭散克🔲匽入土眔乎諆	厥	A
02816	伯晨鼎	鼉🔲一卣玄袞衣幽夫赤舄駒車畫🔲輇爻虎幃冟衺里幽攸勒旗五旗彤彶旗弓旗矢🔲戈彝青	厥	BC
04341	班殷	鈴鑾	公	B
04302	彔伯戜殷蓋	鼉🔲一卣金車奉冒較奉啇朱虢靳虎冟桼裏金甬畫轎金厄畫轉馬三匹鋚勒	白（鼇王子）	BC
02841	毛公鼎	尹卿事寮大史寮、糺嗣公族雩參有嗣小子師氏虎臣、取遺卅守、鼉🔲一卣鬱圭瓚寶朱市悤黃玉環玉瑹金車奉緙較朱鼉靳虎冟熏裏右厄畫轉畫轎金甬錯衡金踵金豙約🔲金簟弼魚葡馬三匹攸勒金屬金雁朱旂二鈴	公	C
04257	弭伯師耤殷	玄衣黹屯鋝市金鈧赤舄戈琱蔵井沙攸勒欒旂五日	白	C
N199701	鉻伯慶鼎	悠戒賈玻珊麠虎裘豹裘用政丁六自用校于比用獄次	白	C

●非冊命賞賜

編　號	器名	賞賜內容	銘文自稱	時代
02626-627	獻侯鼎	貝	厥	A
02628	匽侯旨鼎	貝廿朋	厥	A
05385-386	息伯卣 〔註10〕	貝	白	A
04169	章伯取殷	貝十朋	白	A
05409	貉子卣	鹿三	厥〔註11〕	A
N199801	柞白殷	赤金十反、稅虎	白	A
09702	🔲伯壺蓋	□束素絲束	白	B
N198704	尸伯殷	貝十朋	白	B
00107-108	雁侯視工鐘	彤一彶百馬三匹	厥	BC
02810	噩侯鼎	（玉）五瑴馬三匹矢五（束）	厥	C

〔註10〕 此器銘文云「息白（伯）易（賜）貝于姜」銘文賜字爲被動用法，指息伯受賜貝。

〔註11〕 尚有一器〈己侯貉子殷蓋〉03977，載明己厥名爲貉子。

| 04331 | 芈伯歸夆毁 | 貂裘 | 小裔邦芈白（武芈幾王子） | C |
| N199603 | 晉矦穌編鐘 | 駒三匹、鬯鬯一卣弓矢百馬三匹 | 矦 | C |

由上表來看，受賜者屬於諸侯而服事王朝的有毛公（厝）、弭白（任官職爲師）、
騂白（用政于六自），另外毛白班奉王命出征，他們多稱爲公或白。屬於侯爵
而未提及在王朝任職的有：井矦、頬矦、晉矦、雁矦、噩矦。由此來看，有
鎮守四方之責的重要封國，其國君多自稱爲矦。

● 《公羊傳・隱公五年》：天子八佾，諸公六，諸侯四。諸公者何？
諸侯者何？天子三公稱公，王者之後稱公，其餘大國稱侯，小國
稱伯、子、男。

● 《禮記・曲禮下》：五官之長曰「伯」，是職方。其擯於天子也，
曰「天子之吏」。天子同姓謂之「伯父」，異姓謂之「伯舅」。自稱
於諸侯曰「天子之老」，於外曰「公」，於其國曰「君」。九州之長，
入天子之國曰「牧」。天子同姓，謂之「叔父」，異姓謂之「叔舅」，
於外曰「侯」，於其國曰「君」。其在東夷、北狄、西戎、南蠻，
雖大曰「子」，於內自稱曰「不穀」，於外自稱曰「王老」。庶方小
侯，入天子之國曰「某人」，於外曰「子」，自稱曰「孤」。

《公羊傳》的說法很值得參考，他將上層貴族分成兩級：公和諸侯。這裏的
公對應於西周銅器銘文可以解釋在王朝任首要官職的爲公爵，而說法中以伯
爲小國，具有啓發性，由上表來看，似乎封於服外而爲大國者皆稱侯，於服
內之者多稱伯，封於服內自不能是大國。〈曲禮下〉這段文字則將公和伯等同，
等級公與伯高於侯，和其他文獻有所出入，但反應了公、侯、伯之稱的取意
各有其由，本文認爲公爵應是於王朝任首要官職的爵位，侯伯則於外服爲封
國之君（以稱侯爲主），如受周王重用任職王朝，則相當後世所謂王之公或卿
士。〔註12〕

《國語・楚語上》：（伍舉曰）「天子之貴也，唯其以公侯爲官正，而
以伯子男爲師旅。」

〔註12〕《國語・周語上》：「厲王說榮夷公……既，榮公爲卿士，諸侯不享，王流于
彘。」榮公本有其封國，而爲王朝卿士，故爲公爵，故可推測諸侯封國之君
入王朝爲卿士（首要職官）則其爵爲公。

這條資料也將諸侯分成兩級，但對於伯和侯的尊卑，和西周銅器銘文相較，有各別的狀況和分期不同的變數，本文認為伍舉的話是春秋的觀念，當時公侯伯三個等級尊卑已經較西周固定了。杜正勝先生認為：

> 《春秋》爵名雖然有五，當時並不絕對分作五等，往往概括成兩等或三等。《左傳》曰：「在禮，卿不會公侯，會伯子男」（僖二十九）。似公侯為一等，伯子男合為一等，全部只分作兩等而已。《國語·魯語下》叔孫穆子曰：「元侯作師，卿帥之以承天子；諸侯有卿無軍，帥教衛以贊元侯；自伯子男有大夫無卿，帥賦以從諸侯。」則分為元侯、諸侯和伯子男三等，元侯可能即上述的侯伯。《公羊傳》隱公五年、《孟子·萬章下》和《周禮·典命》所述五等爵的內容雖異，分作三等則無不相同。大體上列國三等的分法與魯大夫臧宣叔所述大、中、小國的古制吻合（《左傳》成三），當比較可信。〔註13〕

春秋爵位大致可概括為兩等或三級，而較早的西周則可能在分等上不如春秋之細，所謂的元侯，或即公這個層級。

另外要補充說明的是，傳世古籍對諸侯的分級，尚有五服、六服、九服之說：

● 《國語·周語上》：「夫先王之制：邦內甸服，邦外侯服，侯、衛賓服，蠻、夷要服，戎、狄荒服。甸服者祭，侯服者祀，賓服者享，要服者貢，荒服者王。日祭，月祀，時享，歲貢，終王，先王之訓也。」

● 《周禮·夏官·職方氏》：「乃辨九服之邦國，方千里曰王畿，其外方五百里曰侯服，又其外方五百里曰甸服，又其外方五百里曰男服，又其外方五百里曰采服，又其外方五百里曰衛服，又其外方五百里曰蠻服，又其外方五百里曰夷服，又其外方五百里曰鎮服，又其外方五百里曰藩服。凡邦國千里，封公以方五百里則四公，方四百里則六侯，方三百里則七伯，方二百里則二十五子，方百里則百男，以周知天下」。

● 《周禮·秋官·大行人》：「邦畿方千里，其外方五百里謂之侯服，歲壹見，其貢祀物。又其外方五百里謂之甸服，二歲壹見，其貢

嬪物。又其外方五百里謂之男服,三歲壹見,其貢器物。又其外方五百里謂之采服,四歲壹見,其貢服物。又其外方五百里謂之衛服,五歲壹見,其貢材物。又其外方五百里謂之要服,六歲壹見,其貢貨物。」

六服和九服之說出自《周禮》,以其系統化的層次,理想的意味重於事實,可信度不高。王貴民先生認爲西周五服源自殷商,而五服顯現出諸侯等級的性質:

> 西周五服區劃的體制,顯然繼自商代。周初一面說到商朝存在的侯、甸、男、衛,一面說到自己的五服,如:

> 明公朝至于成周,徭令,舍三事令……;罙諸侯:侯、田、男,舍四方令。(令彝銘文)

> 周公初基,作新大邑于東國洛,四方民大和會,侯、甸、男邦、采、衛,百工播民和,見士于周。(《尚書·康誥》)

> ………可見西周在商代的基礎上,加進采服,形成了五服制度。……這些職司遂漸衍變爲一般諸侯,由于職事重要性的程度有差,便有了等級,也許就是最初的爵秩。由于服務的地區有內外遠近的不同,到西周已顯出諸侯等次的性質,但主要還是政區的概念和圈層的劃分。〔註14〕

王先生之說爲當前學界的主流意見。由銘文的侯、田(甸)、男等稱謂,可以肯定西周對於外封諸侯是有等級層次的,其間的爵位如何,就當前所見來論,這些外封諸侯大多數稱侯,但少數也有稱白的,而采可能屬於內服,衛則於銘文尚不明,五服來探討冊命賞賜金文中的賞賜物和尊卑關係,恐怕在資料上還是不足的。

諸侯這一階層有外服和內服之別,有周王宗室和異姓之別,但不宜遽以公、侯(侯)、白(伯)就定尊卑,還要依其封國大小(非遠近)、授職來考量,在西周銅器銘文中,諸侯還應視爲一級來看,或分爲兩級,即公與侯伯(但得留意有的稱公,並非公爵)。若強別以公、侯、伯、子、男爲西周諸侯爵位的五級或三級,可能會失之太過。

李零先生對西周的職官系統和東周的五等爵說,有深刻的看法:

〔註14〕 王貴民:《商西周文化志》中華文化通典第一典(上海:上海人民出版社,1998年10月),頁255~256。

西周時期的「諸侯」，嚴格講，主要是指周滅商後，殖民東方，重新設置的一些國家，如齊、魯、燕、晉，它們在銘文中都自稱為「侯」；而陝西關中地區出土器銘上常見的「公」、「伯」，以及東邊的虢、鄭，則多屬內服王臣，不能簡單稱其封地（即「采」）為「國」。這種區分從表面上看好像吹毛求疵，但實際上卻關係到內服與外服的基本區別。〔註15〕

我還想講一下東周時期的「五等爵」，這類爵稱表面上好像有些矛盾，但實際不一定。如鄭，《春秋》稱伯，與金文相合……但《左傳》稱公，是用死諡；楚，《春秋》稱子，與周原甲骨相合，但《左傳》楚人自稱卻是王。通稱與自稱，生稱與死諡是有所區別的。其五等大概是早期內服與外服的混合物，既包括王臣系統的公、伯、子，又包括諸侯系統的侯，包括死後稱公的侯、前代方伯和小國之稱子男者。其中前者之公約與後者之侯相當，前者之伯、子約與後者之伯、子、男相當，猶如漢代中央與地方的秩級相套。〔註16〕

李零先生的意見可從，尤其他提出「采－國」、「自稱－他稱」與爵稱的關係都很有啓發。不論是自稱或通稱，都反應當時的現狀。在西周屬於外服的小國也有稱白（伯），如昇（鄧）白（〈孟爵〉）；甚而召公也有稱召白的，如〈憲鼎〉、〈伯憲盉〉；前代的方伯也有稱侯的，如其侯（〈亞盉〉）。可見西周的外服還得細分，是否外族國君稱伯，仍可留意。

諸侯國的貴族還可依其爵位命數尊卑為幾個等級，文獻的記錄如下：

●《左傳·昭公二十三年》：「叔孫曰：『列國之卿當小國之君，固周制也。』」

杜預注：「在禮，卿得會伯、子、男，故曰當小國之君。」

●《左傳·昭公三十二年》：「（史墨）曰：『物生有兩、有三、有五、有陪貳。……王有公，諸侯有卿，皆有貳也。』」

《左傳》所記叔孫和史墨的話，都對卿的地位有清楚的說明，在列國官員中最尊的就是卿，我們知道周王朝的卿事來自外服或內服的諸侯國君，層級位階決不在諸侯國國君之下。叔孫說列國之卿和小國之君可以相當，這一點在

〔註15〕 李零：〈西周金文中的職官系統〉，《盡心集——張政烺先生八十慶壽論文集》（北京：中國社會科學出版社，1996年11月），頁204～205。

〔註16〕 同上註，頁206。

文獻中有明顯的分歧：

- 《禮記·王制》：三公一命卷，若有加則賜也，不過九命。次國之君，不過七命。小國之君，不過五命。

- 《禮記·王制》：大國之卿，不過三命，下卿再命。小國之卿與下大夫一命。

依〈王制〉小國之君爲五命，而大國之卿爲三命，所以大國之卿當不能與小國之君相當。叔孫的話當是就春秋時的情況而說的，大國之卿的身分是大夫（或話是上大夫），而小國之君是諸侯，在春秋的情勢是卿大夫執政，所以叔孫才會有大國之卿當小國之君的觀念。

- 《孟子·萬章下》：「君一位，卿一位，大夫一位，上士一位，中士一位，下士一位，凡六等。」

- 《禮記·王制》：「諸侯之上大夫卿、下大夫、上士、中士、下士，凡五等。」

《孟子》的六等和〈王制〉五等實是相同的，〈王制〉不將諸侯（君）算入，故爲五等，《孟子》將君（諸侯）算入，則有六等。《孟子》的卿即〈王制〉的上大夫卿。〈王制〉又有將卿分爲上中下三級的記載：

- 《禮記·王制》：「次國之上卿，位當大國之中，中當其下，下當其上大夫。小國之上卿，位當大國之下卿，中當其上大夫，下當其下大夫。」

將卿大夫階級分爲「上卿、中卿、下卿、上大夫、下大夫」五級。這和卿大夫爲二級之說有別。如此說法和春秋時代不符（詳見下文），更不可能符合西周的情況。關於春秋時代的情形，《左傳》記錄了幾則有關諸侯臣屬命數的實例：

- 《左傳·襄公十九年·傳》：「公享晉六卿于蒲圃，賜之三命之服；軍尉、司馬、司空、輿尉、候奄皆受受一命之服。賄荀偃束錦、加璧、乘馬，先吳壽夢之鼎。」

- 《左傳·襄公二十六年》：「鄭伯賞入陳之功。三月，甲寅朔，享子展，賜之先路三命之服，先八邑。賜子產次路，再命之服，先六邑。子產辭邑：『自上以下，降殺以兩，禮也。臣之位在四，且子展之功也。臣不敢及賞禮，請辭邑。』公固予之，乃受三邑。」

- 《左傳·昭公十二年·傳》：「季悼子之卒也，叔孫昭子以再命爲

卿。及平子伐莒，克之，更受三命。」

● 《左傳・昭公四年・傳》：「南遺謂季孫曰：『叔孫未乘路，葬焉用
之？且冢卿無路，介卿以葬，不亦左乎？』季孫曰：『然。』使杜
洩舍路，不可，曰：『夫子受命於朝而聘于王，王思舊勳而賜之路，
復命而致之君。君不敢逆王命而復賜之，使三官書之。吾子為司
徒，實書名；夫子為司馬，與工正書服；孟孫為司空，以書勳。
今死而弗以，是弃君命也。書在公府而弗以，是廢三官也。若命
服，生弗敢服，死又不以，將焉用之？』乃使以葬。」

由上文可知有「三命之服」、「再命之服」、「一命之服」、「再命之卿」、「三命
之卿」、「冢卿」、「介卿」、「聘于王之卿」，這些名目可以約略繫聯如為：

　　　◎冢卿－三命之服－三命之卿

　　　◎介卿－再命之服－再命之卿

　　　◎一命之服

其中聘于王之卿，若依〈王制〉記載：

　　　大國三卿，皆命於天子，下大夫五人，上士二十七人。次國三卿，
　　　二卿命於天子，一卿命於其君，下大夫五人，上士二十七人。小國
　　　二卿，皆命於君，下大夫五人，上士二十七人。

則似可繫聯於任何一個三命之卿或二命之卿，然由春秋時代的情況來看，大
國之卿不見得只有三位，而受命於周天子的例子也很少見於記載，所以聘于
王之卿可以視為尊榮，而宜繫於三命之卿。若然，三命之卿就是冢卿，也就
是上卿、上大夫，而再命之卿就是介卿、中大夫，也就是下卿，一命之服是
大夫、下大夫，「卿大夫」實為三等。這是春秋時代「卿大夫」這個層級最可
能的情況，而將卿大夫分為五等應是戰國時代的現象了。春秋與戰國雖然將
卿大夫再細分為幾級，但是在更多文獻的陳述上，這個階級是以「大夫」為
通稱的，如：

● 《儀禮・鄉射禮・記》：「凡侯，天子熊侯，白質；諸侯麋侯，赤
質；大夫布侯，畫以虎豹；士布侯，畫以鹿豕。」

● 《禮記・王制》：「天子七廟，三昭三穆，與大祖之廟而七。諸侯
五廟，二昭二穆，與大祖之廟而五。大夫三廟，一昭一穆，與大
祖之廟而三。士一廟。庶人祭於寢。」

西周時代在「大夫」這個層級當然會有身分高低的差別，但是是否分出「卿」

這一級，由金文來看，除了人名外，卿使用於「卿事寮」、「卿事」〔註17〕一詞：西周早期的〈矢令方尊〉06016、〈矢令方彝〉09901，西周晚期的〈毛公鼎〉02841、〈番生殷蓋〉04326。另有一件西周早期的〈鳴士卿父戊尊〉05985其銘文為：「丁巳，王才（在）新邑，初■，王易（賜）鳴士卿貝朋，用乍（作）父戊障彝。」卿字如果上讀則為「鳴士卿」（卿為人名字），下讀則做「卿貝」（卿為地名），似以上讀為佳，鳴士卿的士卿當視為受賜人名字的一個字，而不宜當官爵稱。殷代的銅器〈小子䍐殷〉03904就有「卿事」一詞，可見卿事是西周因於殷制而來，卿事寮是一個執政的貴族官嗣團體，可以推想這個團體的成員身分當是諸侯而貢職於王室者與王室之大夫這個層級。

西周的貴族層級在諸侯下則以大夫為主，王朝的卿，是諸侯的身分，與春秋諸侯國的卿是大夫的身分不同，有一則傳世文獻值得注意：

> 《周禮·春官·典命》：典命掌諸侯之五儀、諸臣之五等之命。上公九命為伯，其國家、宮室、車旗、衣服、禮儀，皆以九為節；侯伯七命，其國家、宮室、車旗、衣服、禮儀，皆以七為節；子男五命，其國家、宮室、車旗、衣服、禮儀，皆以五為節。王之三公八命，其卿六命，其大夫四命。及其出封，皆加一等。其國家、宮室、車旗、衣服、禮儀亦如之。凡諸侯之適子誓於天子，攝其君，則下其君之禮一等；未誓，則以皮帛繼子男。公之孤四命，以皮帛眠小國之君，其卿三命，其大夫再命，其士一命，其宮室、車旗、衣服、禮儀，各眠其命之數。侯伯之卿大夫士亦如之。子男之卿再命，其大夫一命，其士不命，其宮室、車旗、衣服、禮儀，各眠其命之數。

九命之說恐是後人所擬，目前可見的西周信史資料是沒有這樣的說法，不過這條記錄中王之卿是六命，諸侯封國之君為七命，依出封皆加一等的說法，王之卿出封就是七命，也就是侯了。這點就銘文中卿事由侯伯擔任，有相同之處，只是銘文中為王卿事的侯伯就屬公爵了。由此也可見在周人的爵位系統的慣例中，王朝卿大夫和封國國君間的尊卑大致是有其傳統的。

西周「冊命」銘文中受周天子冊命賞賜者，其身分以諸侯大夫為多，多數於王朝貢職。在西周時卿是泛稱，不是一個專位的職稱，諸侯中才能卓著貢職於王朝則為周王朝之卿事。大夫可分為王朝之大夫和諸侯國之大夫兩類。

〔註17〕〈番生殷〉銘文：「王令䡅嗣公族、卿事、大史寮」，卿事因後之大史寮而省去寮字，故本當是卿士寮。

　　等級如上所述，由文獻可知不同的等級在器物、服飾、宮室、宗廟、祭祀、犧牲、配樂、喪具、儀態；甚至對於去世的稱呼、削瓜等級都有不同的規定，足見層級在周代禮制中具有核心地位：

● 《穀梁傳・僖公十五年》：「天子七廟，諸侯五廟，大夫三，士二。」

● 《禮記・曲禮上》：「為天子削瓜者副之，巾以絺。為國君者華之，巾以綌。為大夫累之，士疐之，庶人齕之。」〔註18〕

● 《禮記・曲禮下》：「天子穆穆，諸侯皇皇，大夫濟濟，士蹌蹌，庶人僬僬。」

● 《禮記・曲禮下》：「天子祭天地，祭四方，祭山川，祭五祀，歲徧。諸侯方祀，祭山川，祭五祀，歲徧。大夫五祀，歲徧。士祭其先。」

● 《禮記・曲禮下》：「天子以犧牛，諸侯以肥牛，大夫以索牛，士以羊豕。」

● 《禮記・曲禮下》：「天子死曰『崩』，諸侯死曰『薨』，大夫曰『卒』，士曰『不祿』，庶人曰『死』。」

● 《禮記・禮器》：「禮有以多為貴者。天子七廟，諸侯五，大夫三，士一。天子之豆二十有六，諸公十有六，諸侯十有二，上大夫八，下大夫六。諸侯七介七牢，大夫五介五牢。天子之席五重，諸侯之席三重，大夫再重。天子崩，七月而葬，五重八翣；諸侯五月而葬，三重六翣；大夫三月而葬，再重四翣，此以多為貴也。」

● 《禮記・禮器》：「有以少為貴者。天子無介，祭天特牲。天子適諸侯，諸侯膳以犢。諸侯相朝，灌用鬱鬯，無籩豆之薦。大夫聘禮以脯醢。天子一食，諸侯再，大夫、士三，食力無數。」

● 《禮記・禮器》：「有以高為貴者。天子之堂九尺，諸侯七尺，大夫五尺，士三尺。天子諸侯臺門。此以高為貴也。……天子、諸侯之尊廢禁，大夫、士棜禁。此以下為貴也。」

● 《禮記・禮器》：「禮有以文為貴者。天子龍袞，諸侯黼，大夫黻，士玄衣纁裳。天子之冕，朱綠藻，十有二旒，諸侯九，上大夫七，下大夫五，士三。此以文為貴也。」

● 《禮記・郊特牲》：「韠，君朱，大夫素，士爵韋。圜，殺，直：

───────────────

〔註18〕孔穎達正義云：「疏：然此削瓜等級不同，非謂平常之日，當是公庭大會之時也。」

天子直，公侯前後方，大夫前方後挫角，士前後正。韠下廣二尺，上廣一尺，長三尺，其頸五寸，肩，革帶，博二寸。大夫大帶四寸。雜帶，君朱綠，大夫玄華，上緇辟二寸，再繚四寸。」

● 《禮記・郊特牲》：「天子佩白玉而玄組綬，公侯佩山玄玉而朱組綬，大夫佩水蒼玉而純組綬，世子佩瑜玉而綦組綬，士佩瓀玟而縕組綬。」

● 《禮記・雜記下》：「天子飯九貝，諸侯七，大夫五，士三。士三月而葬，是月也卒哭。大夫三月而葬，五月而卒哭。諸侯五月而葬，七月而卒哭。士三虞，大夫五，諸侯七。」

● 《禮記・雜記下》：〈贊大行〉曰：「圭，公九寸，侯、伯七寸，子、男五寸，博三寸，厚半寸，剡上左右各寸半，玉也。藻，三采六等。」

● 《儀禮・鄉射禮・記》：凡侯，天子熊侯，白質；諸侯麋侯，赤質；大夫布侯，畫以虎豹；士布侯，畫以鹿豕。

以上的文獻記錄都以「天子、諸侯、大夫、士、庶人」為五個等級，大夫或有上大夫、下大夫之分，春秋時代以下的文獻還是習以「諸侯→大夫→士」為貴族階層的主要等級。《周禮》在論及身分爵位等級與所配用的器物時，或將卿列為一級，或稱卿大夫：

● 《周禮・春官・大宗伯》：「以玉作六瑞，以等邦國。王執鎮圭，公執桓圭，侯執信圭，伯執躬圭，子執穀璧，男執蒲璧。以禽作六摯，以等諸臣。孤執皮帛，卿執羔，大夫執鴈，士執雉，庶人執鶩，工商執雞。」

● 《周禮・春官・典命》：「典命掌諸侯之五儀、諸臣之五等之命。上公九命為伯，其國家、宮室、車旗、衣服、禮儀，皆以九為節；侯伯七命，其國家、宮室、車旗、衣服、禮儀，皆以七命為節；子男五命，其國家、宮室、車旗、衣服、禮儀，皆以五為節。王之三公八命，其卿六命，其大夫四命。及其出封，皆加一等。其國家、宮室、車旗、衣服、禮儀亦如之。凡諸侯之適子誓於天子，攝其君，則下其君之禮一等；未誓，則以皮帛繼子男。公之孤四命，以皮帛眡小國之君，其卿三命，其大夫再命，其士一命，其宮室、車旗、衣服、禮儀，各眡其命之數。侯伯之卿大夫士亦如之。子男之卿再命，其大夫壹命，其士不命，其宮室、車旗、衣

服、禮儀，各眡其命之數。」

● 《周禮·春官·小胥》：「正樂縣之位，王宮縣，諸侯軒縣，卿大
夫判縣，士特縣，辨其聲。凡縣鍾磬，半爲堵，全爲肆。」

將卿界定爲上大夫，或獨立爲一個在諸侯之下的等級應是春秋以後的事。

　　至於士，也是一個值得探討的問題。

　　前人對於士的認識，歷來都以《左傳》、三禮（《周禮》、《儀禮》、《禮記》）
爲主，而探討的結果，對春秋戰國時代有較清楚的意見。這由古籍的「諸侯、
卿大夫、士、庶人」可以知其身分的定位。

　　楊寬先生指出士即「國人」，是貴族基層的支柱：

　　　西周春秋時代「國人」的性質，基本上和《周禮》的「六鄉」居民
　　　是相同的，是當時各國的自由公民。〔註19〕

　　　西周春秋間被稱爲「國人」的「鄉」中居民，是具有完全公民權的
　　　統治階層。他們的社會組織，長期保留有「村社」的因素，「村社」
　　　的一切成員都被視爲有平等的權利，其主要的物質基礎就是土地。
　　　〔註20〕

　　　這種「國人」有時被稱爲「士」，即是甲士、戰士。〔註21〕

　　　「國人」是貴族中基層的下層，屬於「士」一級，既是國家軍隊中
　　　的甲士、戰士，又是貴族基層的支柱。〔註22〕

楊先生的說法對於士這個階層的認識，實對學術界有很大的啓發，杜正勝先
生也提出相似的看法：

　　　春秋文獻所謂的「士」大抵指當兵的國人。那些「成周里人、諸侯
　　　大亞」（齵段）當包含了不少被周公遷來的「殷頑民」，他們「尚有
　　　爾土，尚寧幹止」（尚書多士），可以「宅爾宅，畎爾田」（尚書多方），
　　　營其里居生活。〔註23〕

　　　軍隊的領導階級是貴族，基層的兵卒則是國人，舊說貴族之最下階

〔註19〕楊寬：《西周史》（上海：上海人民出版社，1999年11月），頁411。（曾發表
　　　於《古史新探》，北京：中華書局，1965年，略加增改）
〔註20〕同上註，頁421。
〔註21〕同上註，頁422。
〔註22〕同上註，頁424。
〔註23〕杜正勝：《周代城邦》（台北：聯經出版事業公司，1979年1月），頁42。

－247－

層——士構成軍隊的主體，不的。〔註24〕

傳統説法，士是最下層的貴族，頗可商榷。士固可自貴族庶裔，然其主體是國人——自耕農。城邦時代貴族之外無專事作戰的階層，國人因保有氏族社會的傳習，又發展出「里」的社會組織，構成軍隊的基礎……成周的國人也「尚有爾土」「尚寧幹止」（尚書多士）。周公或呼之曰「庶士」，或呼之曰「多士」，可見士、國人和自耕農三者實一。〔註25〕

楊寬和杜正勝二位先生的看法對於士的溯源很有助益，春秋的士以國人說之很有見地。朱鳳瀚先生由西周考古現象指出周人成年男性多有充當武士者，具有中小貴族的等級地位：

望父臺墓地中近四十座西周墓中有十座墓出土銅禮器，占四分之一，其中包括兩座中型墓。共有七座墓隨葬戈，占全部墓葬的 18%，十座出銅禮器墓中，除 M48 墓主人是司徒，屬大夫階層，因而隨葬三鼎外，餘皆僅隨葬一鼎，多屬于士階層。九座墓中又有六座同時隨葬戈，其餘三座不排除是男性貴族配偶墓的可能。可見在魯國周人家族中，男性成員多有充當武士者，而這些武士具有中小貴族的等級地位。鬥雞臺、藥圃墓地西周墓均無一座出銅禮器，亦不出銅兵器，且皆小型墓，說明當時魯國內土著居民不充當武士且多屬于平民階級。〔註26〕

因此「士」是最小的貴級階級，基本上成員是「國人」。西周銘文士字的使用，有多種意義，除去人名用法，可以探討的有幾例，如下表所示：

編 號	器 銘	文 例	時代
00204-208 00209	克鐘 克鎛	王乎士曶召克	C
02835	多友鼎	令武公遣乃元士羞追于京自	C
04110-111 10187	魯士商戲段 魯士商戲匜	魯士商戲	C
04266	趞段	啻官僕射士訊大小又鄰	B

〔註24〕同上註，頁 43。

〔註25〕同上註，頁 77。

〔註26〕朱鳳瀚：《商周家庭形態研究》（天津：天津古籍出版社，1990 年 8 月），頁 273。

04312	師穎段	乍爾士	C
04313-314	師袤段	歐俘士女、牛羊	C
04317	鼓段	緯余以饍士、獻民	C
04343	牧段	乍爾士	B
05409	貉子卣	王令士道歸貉子鹿三	A
05421-22 05999 09454	士上卣 士上尊 士上盉	王令士上眔史寅段于成周	A

　　銘文中的「士卲」、「士上」中的士應是職官，而非爵位，這由銘文中「宰△」、「師△」、「作冊△」、「史△」等結構相同，士很清楚是官名，關於士的職爾，由士卲和士上兩例推之，汪中文先生說「七之職司，類似宰官，與司（爾）士之職司刑罰相去頗遠。」〔註27〕是很正確的。特別應留意的是〈多友鼎〉的「元士」、〈趞鼎〉的「士」、〈師袤段〉的「七女」和〈鼓段〉的「饍士」四例。

　　元七一詞，《孟子‧萬章下》「元士受地視子男」經學家都以元七爲上士，這樣的註解大致可從，事實上西周的士是否再細分等級，目前沒有證據，〈多友鼎〉銘文中的元士是武公率領的武士，很可能是武公的族兵，他們具有貴族的身分（和庶人不同），但是地位不高（最低層的貴族），〈鼓段〉的「饍士」和「獻民」並稱，可見士是貴族階層的，〈趞鼎〉由銘文文例「啻（適）官僕、射、士……」來看，官字爲動詞，有管理的意思，〈趞鼎〉的士應該也是武士。〈師袤段〉的士，應指壯年男子。由以上的討論，士於西周金文中的用法有「武士」、「職官士」、「男子」之意。若就爵位來看，士做爲一級是可行的。

　　由以上的討論，西周王朝的貴族（不考慮諸侯國）大致可分爲三級，若再加細分則可爲四級：

層　　級	細　分　層　級	性　　質
諸　　侯	公	王官之長：卿事
	侯　伯	內服與外服〔註28〕
大　夫		
士		

〔註27〕汪中文：《西周冊命金文所見官制研究》（國立臺灣師範大學國文研究所博士班，1989 年 6 月），頁 127。
〔註28〕王貽樑：〈概論西周內服職官的爵位判斷〉（《中華文史論叢》1989：1）認爲內服諸侯入爲王卿者稱伯，外服諸侯入爲王卿者稱侯（頁 24），伯與侯名稱雖異而職別實同。（頁 36 該文註 3）

　　最後，要說明的是在西周賞賜銘文中，受賜者遍布這些層級，但在周天子親自冊命的銘文中，本文推測只有諸侯和大夫階級。

第二節　西周職官的等級

　　職官研究向來是制度史的重大課題，晚清以前對先秦官制的研究皆以《周禮》爲圭臬。民國十七年楊筠如先生結合古籍與金石資料，開始新的探索方式，他自敘其研究方法如下：

> 言周代官制，率以《周禮》爲本。然《周禮》一書，世人多攻其僞。余疑《周禮》出自春秋以後，乃雜採春秋各國官制爲之；其中雖大致與周制猶相近，而謂全爲周制，則殆不可信。故就古籍、金石所見周代之官名，略爲輯釋，以存其眞；亦以待攷國聞者之審訂焉。

〔註29〕

他將傳世古籍和金石（以銅器爲主）相參證的態度是很值得肯定的，可謂新闢一途徑。但是楊筠如先生發表此文時，銅器出土數量有限，所以在周代（乃至西周）官制方面，自是很難有所突破。郭沫若先生寫〈周官質疑〉，〔註30〕以西周金文爲主要材料，對西周官制的探討有很大的進展，改變了以《周禮》爲主要依據的觀念，使得銅器銘文爲主、傳世古籍爲輔的職官研究，成爲主流。不過他爲文的主要目的在質疑《周禮》，對《周禮》是破多於立。張亞初、劉雨先生合著《西周金文官制研究》，對《周禮》是較中肯的態度：

> 《周禮》是記載我國古代官制的唯一的一部古代文獻。這是先秦史研究者不可或離的基本要籍。在清季以前，人們認識、研究古代官制，大都以此書作爲基本依據的。但是，由於該書成書的年代較晚，而且它又是戰國以後古代政治家理想化的政治藍圖，因此，它不是也不可能是西周職官情況的眞實記錄。它只是在一定程度上保留和相當曲折地反映西周職官的情況。從而，就決定了這樣一種事實：完全信從和依據《周禮》來談論和研究西周職官，其基礎是不牢靠的，因此結論也就往往難以成立，或者難免帶有相當大的片面性。

〔註29〕楊筠如：〈周代官名略攷〉，《國立中山大學語言歷史研究所週刊》第二集第二十期（1928年3月13日），頁585。

〔註30〕郭沫若：〈周官質疑〉，《金文叢考》（北京：人民出版社，1952年），頁49～81。

自古以來，研究《周禮》的著述不可勝數，但都擺脫不了上面所講
的這種局限性。〔註31〕

我們認為，完全肯定和基本否定《周禮》，是兩個極端，都是不妥當
的。《周禮》在主要內容上，與西周銘文所反映的西周官制，頗多一
致或相近的地方。正確認識和充分利用《周禮》是西周職官問題研
究中不容忽視的問題。〔註32〕

王貴民先生比較《周禮》和銅器銘文的異同，提出看法：

兩者有同有異。最異者，《周禮》官制分為六大部門，而在金文則無
此情況，金文有「三有司」分立為三大部門的首腦；終西周之世，
他們都沒有升進這種地位。《周禮》突出冢宰地位，既為一部首腦，
并統攝其他各部；而金文的宰則遠非如此。此外，不同者尚多。

相同、相通之處也多存在，《周禮》365 官有 96 官與金文相同或相
近。《周禮》的首腦職官，地位之高與西周史實不符，然而其職務與
金文相合者仍多，「三有司」如此，宰均為司理工室內外事務的總管。
金文的士、司士與《周禮》的司寇職責部分相同，其司寇下也有一
批士，反映了兩者內在的聯係。其他職名、職務兩者相同的多有，
只是存在高低大小的差異和部門的不同。有的職官是在東周達到高
位。〔註33〕

職官系統有其因革，西周的職官有因於殷商的，如史、小臣、作冊等，東周
的職官有沿襲自西周，《周禮》中的職官非憑空虛造，因此過於否定《周禮》
固非正確態度，而過於篤信《周禮》也失於偏執，能在出土資料和傳世古籍
的相互參驗下，建立西周官制，是文化史上的重要工程。先秦職官的研究由
商周分期到西周獨立為一個時期，研究愈加精細，《西周金文官制研究》將西
周職官分為早期、中期、晚期，對各期研究，架構三個時期的官制系統表（見
本論文附表一、二、三）〔註34〕，對於廓清職官演變是很有建設性的，例如

〔註31〕張亞初、劉雨：《西周金文官制研究》（北京：中華書局，1986 年 5 月），〈前
　　　　言〉頁 1。
〔註32〕同上註，頁 3。
〔註33〕王貴民：《商西周文化志》中華文化通典第一典（上海：上海人民出版社，1998
　　　　年 10 月），頁 350。
〔註34〕表一見《西周金文官制研究》「西周早期官制系統表」頁 105、表二見同書
　　　　「西周中期官制系統表」頁　108，表三見同書「西周晚期官制系統表」頁
　　　　110。

對於西周晚期整個職官系統高度集於一人之手的現象提出他們的觀察與解釋：

> 較之早、中二期，此期變化最大一點是權力高度集中於一人之手，如番生殷、毛公鼎所記，周王之下的番生、毛公總理兩寮及公族及宰職，其權限遠遠超過前此歷代王朝職官，頗近於後世的宰相，與《周禮》天官冢宰相類，然其具體職掌卻又大大超過天官冢宰。……宰的地位上升，達到與兩寮及公族平列的地步。〔註35〕

以上三表所列，固非定論，李零先生對「太史寮」的系統提出意見：

> 這一系統應與《曲禮下》的「天官六大」約略相當。但《金官》為了遷就其「三左」、「三右」的安排，只把與「六大」中「大史」、「大祝」、「大卜」相當的職官列入，而把與「太宰」相當的宰和與「大宗」有關的公族辟為兩寮之外的系統；「太士」等同士或司士，早期列入宰的系統，中、晚期列入卿事寮（101－111 頁）。我們認為，宰雖與祝、宗、卜、史俱屬內侍，但與祭祀禮儀相距稍遠，是否屬此系統，一時還難以肯定，但古人常以祝、宗、卜、史并列，「公族」一官恐怕還是以歸入這一系統可能性更大。〔註36〕

王貴民先生在《西周金文官制研究》的基礎上做有一表（見本論文附表四）〔註37〕，或與《西周金文官研究》有所出入，可供參考。

對賞賜銘文做專題研究的黃然偉先生，也提出一個「西周賞賜銘文所見官職關係表」（見本論文附表五）〔註38〕，與上文所述各有出入，如將卿事列入史臣，祝列入臣工等，都還可再商議。

〔註35〕 同上註，頁 109。

〔註36〕 李零：〈西周金文中的職官系統〉，《盡心集——張政烺先生八十慶壽論文集》（北京：中國社會科學出版社，1996 年 11 月），頁 206。關於公族，學界意見頗有出入，如王貴民先生認為：正如宗族組織與政治組織的相輔相成，宗法制度與各種政治制度也緊密結合、互相滲透，共同強化王侯政權，穩固統治秩序。西周王室設有司理宗務的職官，金文稱「公族」，見中觶、牧簋、師酉簋、毛公鼎和番生鼎的銘文，其地位與卿事、大史相并列。在《周禮·春官》部門，大宗伯、小宗伯系統，機構龐大，管理所有宗廟祭祀、喪葬、禮樂、車服并書史等職事。諸侯國和各級宗族組織系統也設有相應的職官。（王貴民：《商西周文化志》中華文化通典第一典，上海：上海人民出版社，1998 年 10 月，頁 331。

〔註37〕 王貴民：《商周制度考信》（台北：明文書局，1989 年 12 月），該表為夾頁，無頁碼。

〔註38〕 黃然偉：《殷周青銅器賞賜銘文研究》（香港：龍門書店，1978 年 9 月），頁 156。

　　本節重點在西周賞賜銘文中的職官等級就銘文資料來看，賞賜銘文中以冊命賞賜有等級的現象（非冊命賞賜多隨周王之興，或和軍功大小有關，等級性不明顯），上面所提的西周官制系統可以做爲官制等級的基本架構，有助於認定銘文中各職官的從屬關係。

　　在冊命銘文的職官判斷這個課題上，有兩點得先釐清：一、職官專名的判定問題；二、右者和受賜命者有無從屬關係。

　　第一個要釐清的問題導因於以「嗣」字構成的詞，銘文中的「嗣土」學界一致認爲是官名，這一點是沒有疑問的，但在冊命賞賜銘文中有些冊命辭中的「嗣……」，意在說明授予職嗣的內容，而非職官名，如：〈申段蓋〉04267的授職「疋（胥）大（太）祝官嗣豐人眔九戲祝」，意思是輔助大祝管理豐人和九戲祝，嗣作動詞用，而不可將嗣豐人作爲一個官名來看待。又如〈同段〉04270-271「差（佐）右（佑）吳大父嗣昜（易、場）、林、吳（虞）、牧，自淲東至于河，斥（厥）至逆丁玄水」，這段冊命辭分明是在說授予同的職嗣是輔佐吳大父管理自淲東至河，逆至玄水這一帶的場、林、虞、牧，但是《西周金文官制研究》卻依此而認爲有司虞、司場、司林的職官〔註39〕，這就很值得商量了。另外如〈戠段〉04255「乍（作）嗣土：官嗣耤（藉）田、胥徒馬」，其中的官嗣耤田是職務（職嗣）而不是職官。對於嗣的作用判定正確，才能分出職嗣和職官的不同。

　　第二個要釐清的是「右者和受賜者有無從屬關係」，這是研究西周官制的焦點之一，陳夢家、白川靜、楊寬、李學勤、黃然偉、陳漢平、汪中文等先生都做過研究，但是意見卻是大相逕庭。右者的研究重要性在「如果右者和受賜者有從屬關係，那麼所授職官便可繫聯出尊卑」，不過顯然因爲西周職官系統尙有不少爭議未定的職官，所以各家提出的研究成果在這些爭議中削弱了定論的可能性，本文在此暫從汪中文的研究，以避免也落入在這樣的爭議中，汪中文先生的看法要點如下：

　　　近年以來，隨著冊命制度研究之深入開展，學者亦多留意於研究「右」
　　　者，如：日本學者白川靜先生注意到右者之官職身分多係朝之重臣；
　　　楊寬由此進而推論右者是執政大臣，受命者爲其屬官；陳漢平則持
　　　此從屬關係與周禮相互比較；然因所掌握之材料不足，以及分析不

〔註39〕《西周金文官制研究》頁10～11。

夠細密，是以所提出之論點，未必可信。〔註40〕

其次：白川靜、楊寬、李學勤、陳漢平等學者，認爲右者與受命者之間，有上下統屬之關係。但經由全面觀察、列表、繪圖、分析所得之結果，發現前人所論述者，僅是得其大略而已，其實右者與受命者之間，呈顯出幾種現象：（一）、右者所儐之對象，並不固定。（二）、受命者爲同一官職，而右者身分不同。（三）、右者與受命者爵秩高低，無必然之相應關係。（四）、受命者可能爲右者之屬官，目前有南季鼎與呂服余盤二例。（五）、「宰𦥑」之儐「宰蔡」，「𤔲徒」之儐「𤔲工」，說明職位相當者，可以互儐。由此些現象可知，右者所儐之對象並不固定，有職位層次相當者，有相同者，也有下屬。但也就因爲部份銘文呈現受命者爲右者之屬官，因而導致學者們有此錯誤的推論。其實依據本文的分析結果，右者與受命者之間，並無明顯而必然的上下統屬關係。〔註41〕

基於這些意見，爲了避免討論時因資料不夠精確而使結果游移，對於右者與受賜者的關係本文不列入討論。

本文將銘文分出周王冊命部分和非周王冊命部分來列表分析，非王冊命的數量雖然不多，但多少可以看出諸侯國也和王室一樣有一定規模的職官系統和冊命禮制。（只賜職𤔲而無賜物者不列入討論、同人所作同銘器，只取一例）

●周王冊命賞賜部分

集成序號	器名	賞　賜　物	受賜者身分職	時代
N199804	靜方鼎	𨴶旂市采霝	司才曾鄂白	A
04251-252	大師虘𣪘	虎裘	大師	B
02813	師𡈈父鼎	載市冋黃玄衣黹屯戈琱戚旂	師	B
02817	師晨鼎	赤舄	師、疋師俗𤔲邑人隹小臣譱夫守□官犬罘奠人譱夫官守友	B
02830	師𩛥鼎	玄袞䊷屯赤市朱橫䜌旂大師金雁攸勒	師	B
04196	師毛父𣪘	赤市	師	B

〔註40〕汪中文：《西周冊命金文所見官制研究》（國立臺灣師範大學國文研究所博士班，1989年6月），頁4。

〔註41〕同上註，頁5～6（又於頁214～223有詳說）。

04283-284	師瘨段蓋	金勒	師、官嗣邑人師氏	B
04316	師虎段	赤舄	師、啻官嗣𠂤右戲緐荊	B
10322	永盂	秉田陰昜洛彊罘師俗父田	昊師	B
02838	訇鼎	赤芾、赤金芾	嗣卜事	B
04199-200	恆段蓋	緣旂	嗣𠦪昌	B
04250	即段	赤市朱黃玄衣黹屯緣旂	嗣琱宮人虢旆	B
04243	救段蓋	玄衣黹純旂三日	五邑守堰	B
N198601-02	殷段	市朱黃	召嗣司東昌五邑	B
04272	朢段	赤芾緣	死嗣畢王家	B
04266	趠段	赤市幽亢緣旂	毅𠂤家嗣馬啻官僕射士訊小大又隸取償五守	B
04276	豆閉段	戠衣芾緣旂	嗣宓幹邦君嗣馬弓矢	B
04285	諫段	勒	𢆶嗣王有	B
04288-291	師酉段	赤市朱黃中絲攸勒	啻官邑人虎臣西門尸𥄉尸秦尸京尸弁身尸	B
04343	牧段	𩰬𩰬一卣金車奉較畫轉朱虢啻斷虎冟熏裏旂、□三匹取□守	嗣士、辟百寮有冋事	B
04626	免簠	戠衣緣	嗣土嗣奠還散罘吳罘牧	B
05418	免卣	載市冋黃	嗣工	B
06013	叀方尊	赤市幽亢攸勒	嗣六𠂤王行參有嗣＝土嗣馬嗣工、𢆶嗣六𠂤罘八𠂤埶	B
09728	訇壺蓋	𩰬𩰬一卣玄袞衣赤市幽黃赤舄攸勒緣旂	乍冢嗣土于成周八𠂤	B
10169	呂服余盤	赤市幽黃鋚勒旂	嗣六𠂤服	B
09723-724	十三年瘨壺	畫袞牙襖赤舄	史	B
10170	走馬休盤	玄衣黹屯赤市朱黃戈琱㦸彤沙厚必緣紳人	走馬	B
N199802	宰獸段	赤市幽亢攸勒	宰、𢆶嗣康宮王家臣妾夏覃外入	B

02781	庚季鼎	赤㠯市玄衣黹屯䜌旂	又右俗父𤔲寇	B
02820	善鼎	且旂	疒疋彙厥監燮師戍	B
04240	免殷	赤㠯市	疋周師𤔲𢾾	B
04267	申殷蓋	赤市縈黃䜌旂	疋大祝官𤔲豐人罙九戲祝	B
N199601	虎殷蓋	載市幽黃玄衣𣍘屯䜌旂五日	疋師戲𤔲走馬駇人罙五邑走馬駇人	B
00133-139	柞鐘	載朱黃䜌	𤔲五邑佃人事	C
02805	南宮柳鼎	赤市幽黃攸勒	𤔲六𠂤牧陽大□𤔲羲夷陽佃史	C
N199701	𦉞伯慶鼎	㦰戒賫𢧢狐雁虎裘豹裘	政于六𠂤	C
02814	無重鼎	玄衣黹屯戈琱㦰厚必丹沙攸勒䜌旂	官𤔲穆王遺側虎臣	C
02821-823	此鼎	玄衣黹屯赤市朱黃䜌旂	旅邑人善夫	C
02825	善夫山鼎	玄衣黹屯赤市朱黃䜌旂	官𤔲歔獻人于奠用乍𣱛司賓	C
02836	大克鼎	叔市參同莃悤、田于埜、田于渒、丼寓田于䢐呂𢆶臣妾、田于康、田于匽、田于陣原、田于寒山、史小臣霝龠鼓鐘、丼迷人𩾱、丼人奔于量	膳夫	C
02827－829	頌鼎	玄衣黹屯赤市朱黃䜌旂攸勒	官𤔲成周貯廿家監𤔲新𩫡貯用宮御	C
02841	毛公鼎	取𢨠卅守、𩰫鬯一卣𤔲圭瓚寶朱市悤黃玉環玉瑹金車奉𦀚較朱䯀𡩬斬虎官熏裏右厄畫轉畫𨍱金甬錯衡金䡄金豪約金簟弻魚葡馬三匹攸勒金𩍹金雁朱旂二鈴	尹卿事寮大史寮、𩾱𤔲公族雩參有𤔲小子師氏虎臣	C
04326	番生殷蓋	取𢨠廿守、朱市悤黃鞞鞍玉睘玉瑹車電軫奉𦀚較朱𡩬𡩬斬虎官熏裏造衡右厄畫轉畫𨍱金童金豪金簟弻魚葡朱旂𥎦金芳二鈴	𩾱𤔲公族卿事大史寮	C

04340	蔡毁	玄衮衣赤舄	宰𤔲王家、𣪕疋對各死𤔲王家外內、𤔲百工出入姜氏令	C
04294-295	揚毁	赤ꝏ市䜌旂	乍𤔲工官𤔲量田甸眔𤔲应眔𤔲芻眔𤔲寇眔𤔲工司、訊訟取徵五寽	C
04197	郃智毁	戠衣赤⊗市	𤔲土	C
04215	鼄毁	尸臣十家	𤔲成周里人眔者医大亞訊訟罰取徵五寽	C
04246-249	楚毁	赤⊗市䜌旂取徵五寽	𤔲莽啚官內師舟、取徵五寽	C
04257	弭伯師耤毁	玄衣黹屯鋚市金鈧赤舄戈琱㦰丹沙攸勒䜌旂五日	弭白、師	C
04253-254	弭叔師察毁	赤舄攸勒	師（弭白師）	C
04342	師訇毁	鬯鬯一卣圭瓚夷允三百人	師	C
04274-275	元年師兌毁	（乃）且市五黃赤舄	師、疋師龢父𤔲ナ右走馬五邑走馬	C
04318-319	三年師兌毁	鬯鬯一卣金車𠦪較朱虢𩏂靳虎冟熏裏右厄畫轉畫輯金甬馬三匹攸勒	𣪕𤔲走馬	C
04277	師觙毁蓋	赤市朱黃旂	師、𣪕𤔲倖人	C
04279-282	元年師旋毁	赤市冋黃麗鞶	師、備于大ナ官𤔲豐還ナ又師氏	C
04467-468 N199401	師克盨	鬯鬯一卣赤市五黃赤舄牙僰駒車𠦪較朱虢𩏂靳虎冟熏裏畫轉畫輯金甬朱旂馬三匹攸勒素鉞	師、𣪕𤔲ナ右虎臣	C
04312	師類毁	赤市朱黃䜌旂攸勒	師、𤔲土𤔲汸闇	C
04324-325	師𠩺毁	叔市金黃赤舄攸勒	師、𤔲且舊官小輔鼓鐘	C
04286	輔師𠩺毁	更且考𤔲輔：載市素黃䜌旟 增命：玄衣黹屯赤市朱黃戈彤沙琱㦰旂五日	𤔲輔	C
04255	䟽毁	戠玄衣赤⊗市䜌旂取徵五寽	乍𤔲土官𤔲耤田、胥徒馬、取徵五寽	C

04258-260	害𣪘	奉朱帶玄衣黹屯旂攸革、戈琱㦰彤沙	官𤔲尸僕小射底魚	C
04287	伊𣪘	赤市幽黃縊旂攸勒	𩁹官𤔲康宮王臣妾百工	C
04296-297	鄁𣪘蓋	赤市同叓黃縊旂	𦏧白子、乍邑𩁹五邑祝	C
04321	訇𣪘	玄衣黹屯截市同黃戈琱㦰厚必彤沙縊旂鋚勒	啻官𤔲邑人先虎臣後庸西門尸秦尸京尸䵼尸師等側新□𣶒尸卑身尸𨻰人成周走亞戌秦人降人服尸	C
N200313	逨盤	赤市幽黃攸勒	足焚兌𩁹三方吳薔用宮御	C
N200303-12	四十三年逨鼎	𩰤𠧥一卣玄袞衣赤舄駒車奉較朱虢䖇虎冟熏裏畫轉畫輴金甬馬三匹攸勒	官𤔲歷人	C

● 非王冊命賞賜部分

集成序號	器　名	賞　賜　物	受賜者身分職𤔲	時代
04327	卯𣪘蓋	禹章四瑴宗彝一䶂寶、馬十匹牛十、于乍一田、于宝一田、于隊一田、于戲一田	𤔲莽宮莽人	B
05405	次卣	馬、裘	𤔲田人	B
04184-187	公臣𣪘	馬乘鐘五金	𤔲百工	C
00060-63	逆鐘	毌五鍚戈彤㫃	用𩁹于公室僕庸臣妾	C
04311	師𤢖𣪘	戈戠㦰□必彤㫃毌五鍚鐘一磬五金	白𤔲父家師、𩁹𤔲西扁東扁僕駭百工牧臣妾東裁內外	C

這些職𤔲中，受到學者關注的有「卿事（寮）」、「大史寮」、「三事」、「參有𤔲」（𤔲土、𤔲工、𤔲馬）、「師」、「善夫」、「𤔲士」等，下面乃將主要的意見加以整理。

一、職官系統與職𤔲

職官系統與職𤔲是官制研究的重心，歷來學者由傳世古籍與銅器銘文架

構出職官的系統（如上文所述），西周職官系統的骨幹在於「卿事寮」和「大史寮」的判定，這又與「參有嗣」、「師」等職官的認知有關，骨幹建立後，接著要將各種職官分列於系統中，又是當前西周職官研究上的重大課題。

（一）「卿事（寮）」、「大史寮」與「三事」、「參有嗣」

〈矢令方尊〉〈彝〉、〈毛公鼎〉、〈番生毀〉提到「卿事寮」、「大史寮」，也提到「尹三事（吏）」、「參有嗣」，而〈盠方尊〉（彝）直接提到「參有嗣：嗣土、嗣馬、嗣工」，另外〈小盂鼎〉銘文有「三左三右」，由於兩寮、三左三右、三有嗣這些職官的身分很高，屬於官制系統的頂層，向來受到學者的關注。

「卿事寮」、「大史寮」與「三事」、「參有嗣」在討論上是連繫在一整個系統中的議題，學者在討論時又常將「三公」、「六卿」、「三左三右」一併納入。本文擬先就「卿事寮」、「大史寮」、「三公」討論，接著再就「三有嗣」、「三事」、「三左三右」的問題探討。

（1）「卿事寮」、「大史寮」與「三公」

銅器銘文中的卿事，傳世文獻作卿士，由於事和史字是一字之分化，因此有學者指出卿事和史有淵源。代表性的看法為王國維先生的意見：

> 古之官名多由史出，殷周間王室執政之官，經傳作卿士（《書・牧誓》「是以爲大夫卿士」、〈洪範〉「謀及卿士」又「卿士惟月」、〈顧命〉「卿士邦君」、《詩・商頌》「降予卿士」是殷周已有卿士之稱。）而〈毛公鼎〉、〈小子師敦〉、〈番生敦〉作卿事，殷虛卜辭作卿史（《殷虛書契前編》卷二第二十三葉又卷四第二十一葉）。是卿士本名史也，又天子諸侯之執政，通稱御事。而殷虛卜辭則稱御史，是御事亦名史也。又古之六卿，《書・甘誓》謂之六事。司徒、司馬、司空，《詩小雅》謂之三事，又謂之三有事，《春秋左氏傳》謂之三吏，此皆大官之稱事若吏即稱史者也。〔註42〕

> 孫氏詒讓《周官正義》始云「尹逸蓋爲內史，以其所掌職事言之，謂之作冊。」（《古籀拾遺・冘卣跋》略同）。始以作冊爲內史之異名，余以古書及古器證之，孫說是也。案《書・畢命・序》「康王命作冊

畢，分居里成周東郊，作〈畢命〉。」（《史記·周本紀》作「康王命作冊畢公」，蓋不知作冊爲官名，畢爲人民而以畢公當之，爲僞古文〈畢命〉之所本。）……此皆作冊一官之見於古書者，其見於古器者，則〈癸亥父巳鼎〉云：「王賞作冊豐貝。」、〈嬰卣〉云：「王姜命作冊嬰安夷伯」、〈吳尊蓋〉云：「宰朏右作冊吳入門」皆以作冊二字冠於人名上，與《書》同例。而〈吳尊蓋〉之作冊吳，〈虎敦〉、〈牧敦〉皆作內史吳，是作冊即內史之明證也。亦稱作冊內史，〈師艅敦〉「王呼作冊內史冊命師艅」……亦稱作命內史，〈剌鼎〉「王呼作命內史冊命剌」是也。內史之長曰內史尹，亦曰作冊尹，〈師兌敦〉「王呼內史尹冊命師兌」、〈師晨鼎〉「王呼作冊尹冊命師晨」……亦單稱尹氏，《詩·大雅》「王謂尹氏，命程伯休父。」〈頌鼎〉、〈寰盤〉「尹氏受王命書」、〈克鼎〉「王呼尹氏冊命克」……或稱命尹，（古命令同字，命尹即令尹，楚正卿令尹之名蓋出於此。）〈伊敦〉「王呼命尹封冊命伊」是也。作冊、尹氏《周禮》內史之職，而尹氏爲其長。其職在書王命與制祿命官，與大師同秉國政，故《詩·小雅》曰：「赫赫師尹，民具爾瞻」，又曰「赫赫師尹，不平謂何」，又曰「尹氏大師，維周之氏，秉國之鈞」，詩人不欲斥王，故呼二執政者而告之，師與尹乃二官，與〈洪範〉之「師尹惟日」、〈魯語〉「百官之政事師尹」同，非謂一人而師其官，尹其氏也。〔註43〕

王國維先生由史官的探討，論及卿事本由史官分出，就文字發表來看，史、吏、事爲一字分化，這是很具突破性的說法，對於了解卿事寮和大史寮的關係也很有啓發性。許倬雲先生說：

　　史因位居周王左右，由掌書的工作，頗延展其任務於其他方面。這種情形，正符合中國後世內廷文書官員漸漸變成外朝要職的情形。王國維以爲史、事、吏三義同源，即由這個現象所演變。作冊與史兩項職務，在西周一代，一方面有二職的混合，另一方面也有工作的分化。大致成康之世，作冊與史是兩個系統，史又有大史、內史、中史的異辭。作冊不宣王命，王后公侯各有自己直屬的作冊，史官宣王命，「王若曰」以下，大約即史官宣讀。成康以後的史官，史、大史、內史仍舊，作冊已罕見，卻增加了作冊內史、作命內史、作

〔註43〕同上註，頁 272～273。

冊尹、内史尹、命尹、尹氏諸職。這幾項新出現的史官，與内史一樣，都代王宣讀策命。尹顯然是内史之長，史只是尹的僚友。官職的分化已很明顯。〔註44〕

此說將作冊和史官分開來看，認為在成康之世作冊和史官是兩個系統，與王國維先生將作冊與史官作為一系來看明顯有別。楊寬先生說：

原始官職不外乎「天官」和治民之官兩大系統，西周中央政權之所以分設太史寮和卿事寮兩大官署，當即由此而發展形成。〔註45〕

這是根據《左傳‧昭公十七年》記載郯子言及少皞「以鳥名官」的傳說，並結合《禮記‧曲禮》的「六大、五官」而得出這樣的看法。天官與太史寮相繫，治民之官與卿事寮連繫。由王國維先生和楊寬先生的研究，對於兩寮的源起可以推論：卿事本為史的一種稱呼（卿史），後來卿事由史官中分立出來，史官系統仍具有天官的性質，而治民之事就由卿事系統來主理。

斯維至先生在王國維先生的基礎上，提出他的看法：

大史古實崇職，王國維已論之甚詳。番生殷、毛公鼎均以卿事寮大史寮並稱，余謂西周之時實為兩寮共同執政，迨春秋中葉以後，大史終於漸漸淪為閒職，遂造成卿事專權之局面，此亦可覘時代之變遷矣。〔註46〕

案士事同訓。《白虎通‧爵篇》云：「卿士卿之有事也」，今金文均作卿事。番生殷云：「卿事大史寮」，毛公鼎亦云：「卿事寮大史寮于父即尹」，兩銘均以卿事寮大史寮並稱，疑西周之時實為兩寮共同執政。寮者猶今言府署之類，蓋一掌政事，一掌文書。古代官吏要不外此兩寮所統屬耳。此外尚有二器，雖不以此兩寮並舉，然亦頗有跡象可尋者。如令彝云：「周公子明保尹三事四方，受卿事寮。」其銘末又云：「左右于乃寮以（以）乃友事。」「左右于乃寮」，殆指卿

〔註44〕許倬雲：《西周史》（增訂本）（北京：生活‧讀書‧新知三聯書店，1993 年 12 月），頁 219

〔註45〕楊寬：《西周史》（上海：上海人民出版社，1999 年 11 月），頁 327，内容曾於《歷史研究》1984：1 發表。

〔註46〕斯維至：〈兩周金文所見職官考〉，《中國文化研究彙刊》第 7 卷（中國文化研究所編），1947 年。又收於斯維至：《中國古代社會文化論稿》（台北：允晨文化實業股份有限公司，1997 年 4 月），本文引用皆引後者，頁 210。

事大史兩寮也。〔註47〕

以兩寮執政于西周中晚則是，但推測〈矢令方彝〉的「左右于乃寮」指卿事大史兩寮則須回到該器銘文整體來看，觀〈矢令方尊〉中記錄周王授給朙僳的職嗣：「尹三事三方，受卿事寮」，接著是「舍三事令：罘卿事寮、罘者（諸）尹、罘里君、罘百生（姓）；罘者戾：＝（戾）、田（甸）、男，舍三方令。既咸令」，清楚地指出朙僳被授予的是「卿事寮」，而職嗣是「尹三事」和「尹四方」，所謂的「尹三事」是指王朝的重要執務，分別由「罘者尹、罘里君、罘百生」執行，而「尹四方」就是四方的諸侯：「侯、田、男」；三事主要對內服而言，四方主要是對外服而言，內服最大職嗣是卿事寮的主管，朙保被授予管理內服與外服。楊寬先生說：

> 明公就是以太保之職主管卿事寮。明公接受卿事寮而「尹三事四方」，說明卿事寮的職務就是主管「三事四方」。所謂「三事」，就是指王畿以內的三種政務。所謂「四方」，就是指王畿以外所分封的四方諸侯地區的政務。……諸尹、里君、百工，即是王畿以內官員的總稱，就是「三事大夫」。諸尹相當于「任人」或「常任」，里君相當于「牧」或「常伯」，只是「百工」泛指各種官吏，和《立政》所謂「淮人」有出入。《雨無正》所說「三事大夫」，是指王畿以內統治的官吏，即《尚書‧酒誥》所謂「內服」；所說「邦君諸侯」，是指王畿以外統治四方的諸侯，即《尚書‧酒誥》所謂「外服」。令彝銘文：「罘者（諸）侯，侯、田（甸）、男，舍四方令」，是倒裝句法，就是說四方令發佈到四方的諸侯，包括侯、甸、男在內。這又和《雨無正》所謂「邦君諸侯」相當。〔註48〕

觀〈矢令方彝〉（尊）銘文關於周公子朙僳的嗣職是掌理「卿事寮」，沒有提到大史寮，且銘文的兩位受朙僳賞賜的「亢師（亢）」和「作冊矢」，銘文說：「我隹（唯）令女（汝）二人：亢罘矢，奭膚（佐）祐（佑）于（于）乃寮㠯（以）乃友事」，亢是師，矢是作冊，銘文中的「我」是朙僳自謂，他令亢和矢佐佑他們的寮友，亢、矢是朙僳的屬官，亢的職嗣是師，師屬於卿事寮的一員，這一點諸家所說大致相同；矢是作冊，另有〈作冊矢令殷〉04300-301，

〔註47〕同上註，頁215～216。
〔註48〕楊寬：《西周史》（上海：上海人民出版社，1999年11月），頁324～325，內容曾於《歷史研究》1984：1發表。

銘文說「隹（唯）王伐楚白，才（在）炎。隹（唯）九月既死霸丁丑，乍冊矢令隉宜（俎）于王姜＝，（王姜）商（賞）令貝十朋、臣十家、鬲百人。公尹白（伯）丁父既于戍糞蠲气（訖），令敢歖（揚）皇王宝丁公文報……用乍（作）丁公寶殷」，〈作冊矢令殷〉和〈矢令方尊〉、〈矢令方彝〉都提到其父爲「丁公（父丁）」，而族徽都是「鼻冊」，器皆於一九二九年河南省洛陽邙山馬坡出土，是一人之器，由銘文比對可知作冊矢令又可稱作冊令、矢或作冊矢，他既爲朙公所管，則似當屬卿事寮。但作冊的性質是史官，可見西周的職官制度中，由周天子任命的「卿事」可以統攝百官（包含卿事寮及史官）。也就是說在周王命朙保管理卿事寮的授職中，朙保實質是管理「師」和「作冊」的，「師」是「卿事寮」的系統，而「作冊」爲「史官」，那麼「卿事」系統和「史官」系統是否已是後來各自獨立的「卿事寮」和「大史寮」？或者西周早期大史寮和卿事寮的區分並不明顯（事字由史字分化而來，卿事寮一詞可能本來就是指與史官有關的寮屬）。

　　作冊於《西周金文官制研究》的「西周早期官制系統表」（本論文附表一）中繫於大史寮，和元師同列，這是受到〈矢令方尊〉的影響，但朙俣是被授予領導卿事寮，該表又將卿事寮和大史寮分列，這一點就值得考慮。朙俣要作冊矢和元師佐佑他們的僚友，這可能說明了師和史官都在卿事寮中，西周晚期的〈毛公鼎〉和〈番生殷蓋〉誠有卿事寮和太史寮並列的記載，毛公和番生主管這兩寮。有學者說毛公和番生的獨尊在西周早期是沒有的，其實朙俣之於西周早期，就如毛公、番生之於西周晚期，西周早期沒有大史寮的資料，這可能是出土資料有限，也有可能是卿事寮是一個泛稱。

　　張亞初先生在〈商代職官研究〉一文中提出卜辭有大史僚（寮）的記錄：

　　　在卜辭中已出現大史僚。「莽令，其唯大史僚令」（《前》五・三九・

　　　八）。在西周銘文中，卿事僚與太史僚往往是相提並論的（見毛公鼎、

　　　番生簋）。這是協助周王處理政務的兩個主要的政府部門。〔註49〕

關於張先生提到的這條資料，見於《甲骨文合集》的第 36423 號甲骨片（如下圖），其文字隸定當爲：

〔註49〕張亞初：〈商代職官研究〉，《古文字研究》第十三輯（中國古文字研究會、中華書局編輯部、陝西省考古研究所合編，北京：中華書局，1986 年 6 月），頁89。

| 寮 大 其 未 |  |
| 令 史 唯 令 | |

「大史」一詞，在卜辭中常作「大事」解釋，此條文例是可以作職官「大史」來看。但是《甲骨文合集》第 5643 號甲骨片有「大史夾令」（如下圖），

貞 史	
重 夾	
大 令	

與 36423 號「大史寮令」的文例相同，「大史夾」的「大史」是職官「太史」，而夾是人名，那麼「大史寮」也應是職官「太史」加上人名「寮」。所以本文認為卜辭中尚未見職官系統有「太史寮」這個職官系統的專名。

史官是西周職官系統中龐大而重要的部分，史官由「宗教化」向「宗教－政治化」轉變〔註 50〕，而職官也在同時開始分工，因此在西周中期，可能

〔註 50〕 陳錦忠：《先秦史官制度的形成與演變》（臺北：國立台灣大學歷史研究所博士論文，1980 年 7 月）中對周代史官角色的變化做了以下的論述：
周代史官之於政事方面扮演著極為重要的角色，其基礎是在周室祭政政治中的宗教成份轉變為極具政治化與人文化的性格所造成的；另一方面，可能也是史官在知識、技能與經驗的廣泛具備，使其有能力得以在這方面積極的參與所致。不過，追根究底，此類職掌的形成，實也是宗教性事務的一種延伸。（頁 252）
西周史官之所以能夠在實際的政治工作上扮演著位高而權重的角色，除了既有的崇高地位與本身的能力之外，西周的政治結構，在宗教的要素趨於政治化的性格時，對於周政權的政治力量有了強化的作用，更是史官在政治上得以取得位高而權重的一個重要因素。……是故，史官在這種政治結構中，不但未失其原有的崇高地位，反而在宗教政治化的祭政結構中，不僅取得了以宗教威權為基礎的政治權力；同時更促使史官的性格發展為極具政治化的形

職官分系更爲明確，卿事寮和大史寮的兩系漸漸成形。

　　討論到西周早期的王朝卿事不免要就「三公」加以論述，楊寬先生認爲西周卿事是執政大臣，如西周早期的太保、大師，西周中期以後的大師、尹氏皆爲執政大臣，大師爲卿事寮之長，尹氏爲大史寮之長：

> 金文的「卿事」，即是文獻的「卿士」，古「士」、「事」音義俱近。《説文》：「士，事也。」卿事或卿士，或者用作卿的通稱，如《尚書・洪範》說「王省惟歲，卿士惟月，師尹惟日。」或者專指總領諸卿的執政大臣。如《詩經・小雅・十月之交》的「皇父卿士」，官職在司徒、太宰、膳夫、内史之上，當爲執政大臣。……執政大臣的稱爲卿士或卿事，是卿事寮長官的簡稱，其正式官職，西周初期即是太保或大師，西周中期以後爲大師。〔註51〕

> 《詩經・小雅・節南山》說：「赫赫師尹，民具爾瞻」；「赫赫師尹，不平謂何。」「尹氏大師，維周之氏，秉國之均（鈞），四方是維，天子是毗，俾民不迷。」從卜下文看，這個「師尹」即是大師尹氏的簡稱。尹氏大師既是赫赫有聲威，爲人民所注視，又是周朝的柱石，掌握著國家的權柄，無疑是執政大臣。尹氏，王國維認爲即指内史尹或作冊尹，金文稱内史之長爲内史尹或作冊尹，亦單稱尹氏。……太師和尹氏所以能夠秉國政，因爲太師是卿事寮的官長，而尹氏是太史寮的官長。〔註52〕

那麼西周早期的職官系統可能是如何呢？楊先生認爲太師和太保爲一個體系，爲卿事寮的長官，而太史則爲太史寮的長官，他的研究如下：

> 西周初期的中央政權，十分明顯，是以太保和太師作爲首腦的。太保和太師掌握著朝廷的軍政大權，并成爲年少國君的監護者。這種政治上的長老監護制度，是從貴族家内幼兒保育和監護的禮制發展起來的。〔註53〕

> 「師氏」和「保氏」的性質相同，只是保氏守于内，師氏守于外。因爲保氏是從保育人員發展成的教養監護之官，師氏原是從警衛人

態。這是史官的性格，發展至有周一代第一階段的轉變。（頁265）

〔註51〕楊寬：《西周史》同上註，頁321～322。
〔註52〕同上註，頁322～323。
〔註53〕同上註，頁315。

員發展成的教養監護之官。這就是太保和太師官職的起源。〔註54〕

太史寮的官長是太史，……既是文職官員的領袖，又是神職官員的領袖。其地位僅次於主管卿事寮的太師或太保。〔註55〕

西周的中央政權機構，以卿事寮和太史寮為首腦。西周初期由於沿用長老監護制度，卿事寮以太保或太師為其長官，太史寮以太史為其長官。自從東都成周建成，成周曾與宗周同樣設有卿事寮，由召公以太保之職主管宗周卿事寮，周公以太師之職主管成周卿事寮，實行「分陝而治」。後來周公之子曾繼承周公主管成周卿事寮。但是到成、康之際，成周的政務，已由畢公以太史之職兼管，并統率和管理東方諸侯；宗周的政務，仍由召公以太保之職主管，並統率和管理西方諸侯。所以到成王臨終、召見大臣、寫成遺命的時候，到成王死後，舉行康王即位典禮而接受遺命的時候，都是由太保召公和太史畢公主持，並帶同大臣和東西方諸侯參與的。西周中期以後，就不見有太保擔任執政大臣的，但是太師仍然為卿事寮的長官，掌握軍政大權。〔註56〕

西周擔任太師之職、稱為卿士的執政大臣，同時往往有兩人。成王時，太公望和周公旦同時為太師。厲王的卿士有虢公長父和榮夷公，幽王的卿士有虢公鼓和祭公敦，《呂氏春秋·當染》高誘注都認為是「二卿士也」。直到春秋時代，周朝還沿用這種制度，經常設有左右二卿士執政，詳見顧棟高《春秋王迹拾遺表》（《春秋大事表》卷20）。〔註57〕

日本學者白川靜《西周史略》，認為「廷禮的右者由執政者擔任，似乎已成為當時原則」；而且「同系統者的任命有由其最高長官右者的慣例」，司土、司馬、司工「都作為冊命廷禮的右者，相當于六卿的王官」；還依據衛盉認為「夷王時執政者可能以五名為准」。這些看法都是正確的。我們依據上面綜合研究的結果，認為西周王朝的主

〔註54〕同上註，頁316。
〔註55〕同上註，頁325。
〔註56〕同上註，頁331。
〔註57〕楊寬：《西周史》（上海：上海人民出版社，1999年11月），頁356。内容曾於《人文雜誌叢刊》第二輯《西周史研究》發表。

要執政者是「公」一級的太師和太史，而實際權力則掌握在太師手中。〔註58〕

楊寬先生的說法中，有幾點特色：其一，三公中的太保與太師源於長老監護制度。其二，卿事寮分爲宗周與成周兩部分。其三，西周中央政權以太師和太保爲首腦，亦是卿事寮的長官，中期以後僅以太師爲長官，而太師往往有兩位。其四，太史寮長官爲太史，位在太師和太保之下。

楊善群先生提出西周初的三公爲太師、太保、太史，之後太保不設，於是僅存太師和太史，三公爲六卿之一：

> 西周主要卿官應以六人爲是。《尚書‧顧命》記成王臨終時召集的大臣，點名的只有「太保奭、芮伯、彤伯、畢公、衛侯、毛公」六人。這很可能就是當時的六卿，而太保奭、畢公、毛公又以二公兼三卿。〔註59〕

> 「三公」中的太保之職，自康王以後便廢止不設。西周銅器銘文中有太保官職者，只見于周初，且只指召公奭一人。康王時銅器《大史友甗》銘曰：「大史友作召公寶尊彝。」這裡的召公即太保召公奭，大史友是其子輩。召公的子輩成爲大史（即太史），可能召公歿後太保之職即廢。〔註60〕

> 成王後期，在中央政權機構中已設立卿事寮，其首領稱卿士，爲公級長官，總理全國政務。成王時銅器《令彝》記曰：「惟八月，辰在甲申，王令周公子明保尹三事四方，受卿事寮」；接著又記：「惟十月月吉癸未，明公朝至于成周，出令。」顯然，周公子明保在「受卿事寮」後，因職位的升級，便改稱「明公」了。〔註61〕

> 西周中葉，在中央政府內又設有一個由五人組成的權力機構。……從銘文看，這五人組成的權力機構，職級在司土（徒）、司馬、司工（空）三卿之上。〔註62〕

〔註58〕同上註，頁359。
〔註59〕楊善群：〈西周公卿職位考〉，《中華文史論叢》1989：2（總45），同上註，頁47。
〔註60〕同上註，頁50。
〔註61〕同上註，頁50～51。
〔註62〕同上註，51。

他指出在三有䚋（司土、司馬、司工）之上有更高的權力機構是可從的。這個更高的權力機構，在西周早期有六卿，這六卿包含三公在內，中期以後是五位。另外，他認爲「成王後期，在中央政權機構中已設立卿事寮，其首領稱卿士，爲公級長官，總理全國政務。」是很特別的看法，目前在資料上，卿事出現很早，殷商甲骨文中已有這樣的詞彙，而卿事寮一詞的出現最早是〈矢令方彝〉，所以楊善群先生才會說「成王後期」已設卿事寮，〈矢令方彝〉的時代定在成王後期，恐失之過早，此器的時代宜定在昭王。

傳世古籍對西周早期的最高層執政團體的記載都指向三公或六位大臣，本文以爲，西周王官系統中有卿事之稱，他們來自外服的侯，或內服的伯，凡周王的卿事都大多爲公爵（西周早期或有侯伯），如周公、豳公、毛公、畢公等，至於卿事有多少位，目前的資料有限並不清楚，但應不會超過六位，這些卿事是周王的卿，地位最尊，他們是周王以下的最高執政團體，他們之中又有較尊者，如西周成王時的周公和召公、康王時的召公〔註63〕、昭王時的朙保，他們或是太師、太保，至於太史，也是執政團體的一員，而所有的周王室所有職官就以卿事寮稱之。很可能西周早期的職官集團還沒有龐大到明確分出卿事寮和太史寮。或者說卿事寮是職官的通稱，史事爲一字之分化，由卿事寮來概括所有職官，並不難理解。

西周晚期的毛公厝和番生的地位是最尊的職官，和西周早期的朙儚地位相同，只是西周早期可能職官系統還沒有如西周中晚期這般的分班，因此朙儚被授予領導卿事寮，其實就是領導所有的職官，在周中央領導所有職官的卿事大臣，自然也對外服有管理之責（西周早期情況）。再觀傳世文獻：《尙書·顧命》，全文中最重要的卿事大臣就是太保，雖然經文中有太保、太史、太宗，也提到畢公、芮伯等，但是說太保爲當時最尊之臣，則是無疑的。本文推測當時太保是總管卿事寮的大任，太保、太史、太宗、畢公、芮伯等都是卿事（王之卿），而太保又爲首要之卿事。學者們推擬西周早期職官架構是

〔註63〕 朱鳳瀚先生（《商周家庭形態研究》，天津：天津古籍出版社，1990 年 8 月）認爲：自文王始至昭王幾世代中，周王朝主要執政大臣之位是由周、召、畢三世族占據的。但在整個西周早期，三世族權力并非始終穩定如初，而或有起落。……成王初周、召二公曾爲王之左右，而在周公故後，王之左右已改爲召、畢二公。……我們以爲此或與學者所論周、召二家勢力之爭的背景有關，周公卒後，其家族勢力受到當時健在的召公的排擠，故直到召公卒後，約康王晚期，周公後人才又重掌主要執政大臣之權。（頁 407）

以晚期的二分系統向前推的結果，西周早期的實情如何，還可再研究。

《西周金文官制研究》的一個意見：

> 早期卿事寮的職司範圍及重要性就超過大史寮的傾向，中期這種傾
> 向就更爲強化。〔註64〕

張亞初和劉雨先生已看出西周的兩寮中，大史寮明顯不及卿事寮，事實上，當前對兩寮所畫的系統表（如本論文附表一至五），都是由銘文中的從屬、右者的關係，再參考《周禮》所架構的。又錢玄先生的意見：

> 宰本爲主管宮內事務之職，似應另爲一個系統，不屬于兩寮。其下
> 屬亦有各種官史。〔註65〕

這樣的意見和《西周金文官制研究》（「西周早期官制系統表」、「西周中期官制系統表」、「西周晚期官制系統表」，即本論文附表一、二、三）的意見是一致的，將西周的官制系統分爲「卿事寮」、「太史寮」、「宰」（可能還可分出「公族」），而以兩寮爲大。其實西周早期的職官分系實況，恐不如現今學者所擬構過於強調卿事寮、大史寮、公族、宰爲四個分系，不免會失之太過，黃然偉先生的「西周賞賜銘文所見官職關係表」（即本論文附表五）又是另一種擬構他將西周職官分成三系：史臣、臣工、師臣，依他的意見：卿事屬於史臣，宰和大保屬於臣工，大師屬於師臣。這樣的系統一方面也反映了在研究西周職官上，變異性很大，再者也足以說明先入爲主的職官分系，常會使研究陷入主觀的架構中。

在探討西周的職官過程，很容易發現一個官名，其職嗣常負責幾類職事，而這些職事不見得是相類似或同類的，並且常有兼攝職務，雖有職官定制，卻又充滿人治色彩。〔註66〕

〔註64〕張亞初、劉雨：《西周金文官制研究》，頁107。

〔註65〕錢玄：《三禮通論》（南京：南京師範大學出版社，1996年10月），頁338。

〔註66〕許倬雲先生在《西周史》提到西周職官系統中，職務的劃分顯然不如「人」的因素的重要：

> 西周策命金文中，常見有詳細列出新任官員的任務，不僅有此人的職位，還有他該管的事務。……任務的性質大小繁易不等，有行政職務，有軍事職務；有長期性的職務，也有一時的差遣。即使是承襲祖先的工作，策命中仍不厭其煩的列舉……如果政治組織已經相當制度化了，某人任某職，其權力及職掌都已在規定之中，不煩一次一次重覆說明。另一方面，西周政府中明明已有三有司……等等職銜，似乎職官的工作範圍及性質已有大致的約定。一人的任命卻又常包括許多不相關聯的官職。同時，史官系統的官員……可以遷轉於其他工作，則職務的劃分，顯然不如「人」的因素重要。大致西周由世

另外，李零先生對於邦君有以下的意見：

> 對于邦君的性質，從前郭沫若先生曾指出，豆閉簋的「邦君司馬」
> 殆即《周禮・夏官》的都司馬，這是富于啓發性的。近來朱鳳瀚先
> 生支持郭說，以爲金文中的「邦」是封土之義，不僅可指周王畿和
> 諸侯國，也可指內服王臣和子弟的采地。……西周金文中的「邦君」
> 很可能就是管理王畿采地之官。〔註67〕

如此，則邦君也是屬於卿事寮。

●三有嗣、三左三右與六卿

由於西周早期銘文仍不足以說明西周早期職官系統是二分法（卿事寮、
太史寮）還是三分法（卿事寮、太史寮、宰），不過學界大多一致性地認爲西
周早期已有卿事寮和大史寮並由〈小盂鼎〉的三左三右立說，因此要談論兩
寮，必須一併討論「三有嗣」、「三左三右」與「六大（六卿）」的問題。

王國維先生在考釋〈毛公鼎〉的「參有嗣」時提出這樣的看法：

> 參有嗣即三有事，《詩・小雅》云「擇三有事」，又云「三事大夫」，
> 《書・康誥》云「陳時臬事」，又云「陳時臬司」，知事嗣二字古通
> 用矣。三有嗣謂司徒、司馬、司空，〈牧誓〉云「司徒、司馬、司空」，
> 〈酒誥〉云「矧惟若疇圻父，薄違農父，若保宏父」皆以此三司並
> 言，蓋古之六卿冢宰總百官，宗伯治禮，司冦治刑，惟司徒、司馬、
> 司空爲治民之官，故雖天子之官，亦參有嗣也。〔註68〕

王先生的說法由〈盠方尊〉銘文「參有嗣：嗣土、嗣馬、嗣工」可證（嗣工

官制度逐漸演變，走向制度化的方向，王朝的政府組織越來越確定化。可是
這個過程并未完成，西周的統制即已結束。由西周金文策命文件中呈現的，
遂不免是上述的過渡與混合現象。（頁229）

毛公鼎銘有卿事寮與太史寮同時出現。如陳夢家所說，史官系統的分化，使
內史部分成爲最有權力的機構。令彝銘文中明保卿事寮及「舍三事令」，是以
卿事寮當是三有事的僚屬。相對的，史官由於常左右而漸變爲王的私僚屬，
內史名稱，即由此而來。卿事寮當爲漢代所謂「府中」的工作人員，而太史
寮（實即內史）則是「宮中」的系統。中國歷史上內朝與外朝的區分，列朝
都有之。整個中國政府制度演變的趨勢，常由內朝逐漸奪取了外朝的權力。
宮中與府中的分野，及宮中的得勢，其實在西周中期已經肇始。（頁230）

〔註67〕 李零：〈西周金文中的職官系統〉，《盡心集——張政烺先生八十慶壽論文集》
（北京：中國社會科學出版社，1996年11月），頁209～210。

〔註68〕 王國維：《觀堂古金文考釋》，收錄於《王國維先生全集初編（十一）》（臺北：
臺灣大通書局，1976年），頁4891～4892。

即司空，嗣土即司徒）。

傳世文獻有「六大五官」之說，郭沫若先生認爲卿士（即卿事）中的六大，應由〈曲禮〉求之，而五官本爲三官，即三事大夫：

> 余謂卿士當求之於〈曲禮〉之六大，不當求之於《周官》之六官。〈曲禮〉「天子建天官先六大，曰大宰、大宗、大史、大祝、大士、大卜，典司六典。天子之五官，曰司徒、司馬、司空、司士、司寇、典司五眾。」六大乃古之六卿，所謂「六事之人」。五官古祇三官，曰司徒、司馬、司空，其職爲大夫。〈小雅・雨無正〉稱「三事大夫」，《書・立政》序司徒、司馬、司空於「大史尹伯、庶常吉士」之下，〈牧誓〉序之於「友邦冢君、御事」之下，均其證。〔註69〕

他在〈揚殷〉職嗣「司空兼司寇」的看法中，也對三事做了說明：

> 以司空而兼司寇，足證司寇之職本不重要。古者三事大夫僅司徒、司馬、司空，而不及司寇。〔註70〕

王國維先生和郭沫若先生立說時，並未見到〈夨方尊〉的參有嗣。〔註71〕楊寬先生指出參有嗣多數是內服諸侯，爵位爲伯，司馬地位僅次於大師〔註72〕，本文同意他的看法，大師爲公爵，是王之卿事中位尊者，參有嗣爲內服諸侯在王朝貢職，本來爵位即是伯爵。

「參有嗣」中「嗣土」和傳世古籍作「嗣徒」有異，斯維至先生指出：

> 案司徒，金文司均作嗣，徒作土，亦作徒。舊說司徒之職頗謬悠難信。……《周禮》司徒序文云：「使帥其屬掌邦教」，乃以其爲掌教育之事也。茲以金文考之，其職蓋掌邦國之土地與人民。所謂教育，

〔註69〕郭沫若：〈周官質疑〉，《金文叢考》（北京：人民出版社，1952年），頁66。

〔註70〕同上註，頁76。

〔註71〕夨方尊於1955年出土。

〔註72〕楊寬：《西周史》（上海：上海人民出版社，1999年11月）：
> 司馬是當時朝廷的重要大臣之一，掌管六師或八師，他在軍事上的權力僅次於太師。（頁348，曾發表於《人文雜誌叢刊》第二輯《西周史研究》）
> 司馬、司土和司工，大多由畿內諸侯進入朝廷擔任，多數稱伯，即是伯爵。（頁359）
> 當時王畿以內諸侯的司馬，即使是世襲官職，還必須由周王重加冊命，并由王的司馬作爲「右」者加以引導。……春秋時天子號令不行，但是形式上諸侯的上卿仍由天子任命，稱爲「命卿」或「王之守臣」。看來這種制度，西周確曾實行，邦君的司馬要由天子任命，就是「一卿命于天子」。司馬、司徒、司工三卿中，司馬掌兵權，最爲重要，所以要由周王任命，以便於調遣出征。（頁359）

應如今日「管教養衛」之類。畮段云：「命汝作嗣土，官嗣藉田」，此治邦國土地之事也。舀壺云：「更乃考作冢嗣土于成周八師」，此起人民徒役之事也。……郭沫若作《周官質疑》，據畮段「命汝作嗣土，官嗣藉田」謂「耕藉之事，《周官》爲甸師所掌，屬於冢宰，而古器銘則明明屬於司徒矣」，案此實誤解。《周禮》大司徒職言「掌建邦之土地之圖，與其人民之數（中略）制其封疆而溝封之，設其社壝而樹之田主。」此正銘所謂「官嗣藉田」也。冢宰下之甸師，其職乃掌「耕耨王藉，以供粢盛。」則限於王之祭田，與司徒之管全國土地者斷然不同。〔註73〕

《詩・緜》云：「乃召司空，乃召司徒。俾立室家，其繩則直。縮板以載，作廟翼翼。捄之陾陾，度之薨薨，築之登登，削屢馮馮。百堵皆興，鼛鼓弗勝。」此詩敘司空爲主土木興築之事，甚爲著明。其所以並及司徒者，蓋以司徒起人民徒役故也。〔註74〕

案彝銘稱「三事」者凡有三器。《詩・小雅》云：「擇三有事」，又云：「三事大夫」。《左傳》成公二年云：「王委政於三吏」。事吏古本一字，是三吏猶三事也。自來舊注於此三事皆解爲司徒司馬司空三職，孫詒讓、王國維諸氏於金文「三事」亦承舊說。……王云：「參有嗣謂司徒司馬司空。酒誥云：『矧惟若疇圻父，薄違農夫，若保宏父』，此皆以三公並言。蓋古之六卿，冢宰總百官，宗伯治禮，司寇治刑。惟司徒司馬司空爲治民之官，故雖天子之官，亦云參有嗣矣。」案王說近是，然仍據《周禮》六官及天子六卿諸侯三卿爲說，猶未盡然。蓋由金文所見，宰之地位本不甚尊，司寇與司馬同職，宗伯始見於春秋中葉之器（《齊洹子孟姜壺》），是以西周之時實僅司徒司馬司空三事執政，固未嘗有《周禮》六官之事實也。〔註75〕

對於嗣土後來寫作司徒，楊寬先生的看法如下：

「司土」原來主要是掌管土地的官，因兼管征發徒役的事，後來也

〔註73〕斯維至：〈兩周金文所見職官考〉，頁196。
〔註74〕同上註，頁206。
〔註75〕同上註，頁213～214。

稱「司徒」。〔註76〕

《西周金文官制研究》則對「嗣土」的寫法做時代的探索，並且將嗣土的職嗣匯整，有助於認定嗣土即是嗣徒：

嗣土，即嗣徒，西周早期和中期作嗣土，西周晚期才出現嗣徒。嗣文獻作司。嗣土、嗣徒就是文獻上的司徒。……嗣土是一種古代的寫法。土之作徒單純是同音假借字，還是另有一定的思想意識內涵，這個問題是應該引起我們重視的。司土，注重的是物，是土；而司徒，注重的則是人，是徒眾。這恐怕不是單純文字通假的問題。《白虎通·封公侯篇》云：「司徒主人，不言人言徒者，徒眾也，重民眾。」《國語·周語》「司徒協旅」，卓昭注：「司徒掌合師旅之眾」，這些文獻記載對徒宁的解釋無疑是值得我們注意的。由西周銘文看西周嗣徒的職掌是：1·管理土地（裘衛鼎、裘衛盉）；2·管理農業生產（盠方彝）；3·管理藉田（戠段）；4·管理麕、虞、牧等農副業（免簠、免段）；5·冊命時作儐右（此段、無惠鼎，揚段）；6·帶兵出征（嗣土斧）。1至4條可以說是司徒的主要的基本的職掌，5至6兩條是兼管之事。這在《周禮》中是可以得到證實的。……司徒是《周禮》所說的六官之一，掌管的範圍十分廣泛。他的下屬主要是管理農、林、牧、獵、漁等項的職官。所以《尚書·酒誥》稱司徒爲農父。……司徒簡單說來說是農官，金文作嗣土、嗣徒都是主農之意。司土就是管理土地，司徒就是管理在土地上從事勞作的農業生產者。這在《周禮·地官·司徒》這一部分的記述中是講得很具體很明白的。至於教化一項，也是與土地的種植等等緊密相關的。上面所說的司徒作儐右和出征，可能是司徒所兼管的事情，是臨時性的工作，這與主管農業也並不矛盾。特別是帶兵出征的問題，甚至可以說是司徒份內之事。〔註77〕

目前所見，有黃然偉先生不同意嗣土即嗣徒，他的意見如下：

「嗣徒」典籍作「司徒」。其嗣，於冊命禮中任儐右者，與宰、師氏、

〔註76〕楊寬：《西周史》，頁418，原發表於《古史新探》（北京：中華書局，1965年），略加增改。

〔註77〕張亞初、劉雨：《西周金文官制研究》，頁8～9。

司馬，在賞賜冊命禮中同爲儐者。銘文中另有「嗣土」之官，學者
多以爲即「嗣徒」，然覘諸西周銘文，此二者實非同官而異名，因嗣
徒之名僅見於中期及其以後之銘文（如揚殷、無重殷等是），而「嗣
土」之官則西周初期已有存在（如康侯殷）。另一原因爲二者職司各
不相同，司徒爲儐者，而司土則爲司管田林牧虞的官。……司土（嗣
土）之職，其所司管者皆與山林土田有關，此或即其官名「土」之
所由。〔註78〕

汪中文先生駁其說云：

黃氏說恐未的。嗣土亦任儐右之類，未必僅藉儐右可區別「嗣土」、
「嗣徒」各有職司，是則黃氏之說，至多證明西周初期與中期「嗣
土」、「嗣徒」官名有所不同，而其職司固無所異也。〔註79〕

冊命時爲儐右者，嗣土、嗣徒皆然，最早出現「嗣徒」的是西周中期的〈永
盂〉，徒字從彳從土，西周晚期或從彳從土，或作徒，可以看出字形的繁化，
多少也反應出嗣土職嗣的改變，嗣土在西周早中晚三期都出現，且次數相當，
西周晚期作嗣土和嗣徒數量也相當，春秋以後都作嗣徒，不再有作嗣土之例。
可見嗣土漸作嗣徒，《西周金文官制研究》以爲在職嗣性質擴大有關，說法可
從。另一個輔證爲「徒馭」或作「土馭」（〈班殷〉04341）。可見西周土和徒
有通用之例。嗣土和嗣徒的銘文資料如下：（同銘同人鑄器僅選一例代表，字
形殘泐不能辨者不列入）

● 嗣土之例

編　　號	器　　名	時　　代
03671	旟嗣土樾殷	A
03696	嗣土嗣殷	A
04059	嗣土逘殷	A
05344	螯嗣土幽卣	A
04626	免簠	B
06013	盉方尊	B

〔註78〕黃然偉：《殷周青銅器賞賜銘文研究》（香港：龍門書店，1978年9月），頁143。
〔註79〕汪中文：《西周冊命金文所見官制研究》（國立臺灣師範大學國文研究所博士
　　　　班，1989年6月），頁70。

09456	裘衛盉	B
09723	十三年癲壺	B
00181	南宮乎鐘	C
02821	此鼎	C
04197	卻智段	C
04255	㠱段	C
10176	散氏盤	C
11785	叡斸土斧	西周

● 斸徒之例

編　號	器　名	時　代
10322	永盂	B
02597	伯盨父鼎	C
02814	無叀鼎	C
04294	揚段	C
04415	魯斸徒白吳盨	C
04440	魯斸徒中齊盨	C
10277	魯大斸徒子中白匜	春秋早期
02592	魯大左斸徒元鼎	春秋早期
04689	魯大斸徒厚氏元簠	春秋早期
09981	樂大斸徒瓶	春秋晚期
11205	滕司徒戈	春秋晚期
00428	冉鉦鍼	戰國早期

　　小盂鼎的「三左三右」的記載，學者或以三左爲司土、司馬、司工，三右爲大史、大祝、大卜，大保是三右的總長，主管大史寮（如《西周金文官制研究》的分法），而錢玄先生認爲大史寮的三職官是大保、大史、大宗：

> 卿事寮、大史寮爲王室的兩執政機構。《小盂鼎》言「三左三右」即指左右兩寮。金文及文獻每言「三有司」、「三吏大夫」、「三事大夫」，均指卿士寮、大史寮各有三人負責。〔註80〕

〔註80〕錢玄：《三禮通論》（南京：南京師範大學出版社，1996 年 10 月），頁 335。

大史寮主管祭祀、冊命等職。應據《書・顧命》所述，大史寮之三職官為大保、大史、大宗。大保亦見于《書・召誥》，見于西周銘文有十餘處。大保為西周王室重臣，主管禮典、教育、進諫等職。大史，在文獻及西周銘文屢見，主管冊命之職。大宗，即《周禮》之大宗伯，主管宗廟、祭祀之職。春秋《洹子孟姜壺》銘文有「宗伯」。〔註81〕

如果朙保的保是大保的意思，那麼大保應列為卿事寮較佳。

〈小盂鼎〉的「三左三右」和《尚書・顧命》的六位大臣，提供了一種可能假設：西周早期有六位重要的職官。由西周中期的銘文，常見五位大臣輔政的情況也就是楊善群所說的「五人組成的權力機構」。〔註82〕這五位輔助大臣，有爵位為伯的內服諸侯（如井白），也有職嗣為師的師俗父，他們的身分可能是卿事或大夫，且由銘文來看，司土、司馬、司工本身都有不同的等級，職嗣尊卑有別，不宜一概而論。

（二）師

師是一個龐大的職類，《西周金文官制研究》已指出：

> 西周銘文中稱師的職官材料有將近八十條，如果加上大師和其他諸師官，材料就有一百條以上。這麼龐大的師類職官，可以說是西周時期最常見最重要的官職之一。〔註83〕

的確如此，這麼龐大的職類所職嗣的任務也是多樣的，《西周金文官制研究》指出師為「軍事長官」、「行政長官」、「教育方面的長官」〔註84〕，楊善群先生認為師或師氏的武職約可分為四類：第一類是西周正規軍西六師和殷八師（或稱「成周八師」）的統帥以及各師的長官。第二類是正規軍之外各種機動部隊的統帥及其各部長官。第三類是周王私屬部隊虎臣的統帥。第四類是王官衛隊的長官。除武職以外，有的「師」官則偏重于文職，或者文武兼備，既理文教，又管武事。〔註85〕既然是這麼龐大的職類，這樣多的職嗣，不會全都限定在一個層級，汪中文先生說：

> 「師」官，有若干不同之層級，猶如今日同屬少將官階，然視其年

〔註81〕同上註，頁336。

〔註82〕楊善群：〈西周公卿職位考〉，《中華文史論叢》1989：2（總45），頁51。

〔註83〕張亞初、劉雨：《西周金文官制研究》，頁4。

〔註84〕同上註，頁6。

〔註85〕楊善群：〈西周銘文中的「師」與「師氏」〉，《考古與文物》1990：2，頁35～36。

資、職等、官銜正副等，其間自有高低，因此若將此一現象，單純之解釋爲西周時無嚴格之規定，恐有未妥，不若將之解爲層級不同，是以賜物有異爲佳。〔註86〕

這是在處理「師」這一職官所應了解的原則，師中以大師最尊，再如西周晚期的〈弭伯師耤𣪘〉04257 器主的職嗣是「師」，爵位爲「白（伯）」，是內服諸侯而爲王朝之師，也是層級較高的師。

另外，有兩點應說明：其一，《西周金文官制研究》認爲：

師兌𣪘的師兌主管全國的走馬，即左走馬右走馬，及五邑走馬等，所以師兌是走馬之長。走馬之長稱爲師，這正是位高之走馬近于師氏的有力佐證。〔註87〕

師兌的鑄器有二件，一是〈元年師兌𣪘〉04274-275，職嗣「疋（胥）師龢父嗣ナ（左）右走馬、五邑走馬」，受賜「且（祖）巿、五黃、赤舄」；另一件是〈三年師兌𣪘〉04318-319，職嗣「䣄嗣走馬」，受賜「𩰬鬯一卣、金車：夲較、朱虢鞃靳、虎冟熏裏、右厄、畫轉、畫輯、金甬、馬三匹、攸（鋚）勒」。由職嗣來看，本來師兌是輔助師龢父的職官，師龢父地位當在師兌之上，三年器師兌的職嗣提升爲「䣄嗣走馬」，是升到了元年時師龢父的位置，可見走馬是師的屬官；由賞賜物來看，三年增命時加賜了全套車馬，未提到改變服飾，應是服飾未變。若此推論無誤，那麼師龢父和元年的師兌身分有尊卑，在服飾上似乎無別。

其二：楊善群先生認爲「師氏之職的級別，《周禮》記其最高級爲中大夫，這可能也是對的。」〔註88〕因爲他將周王的卿與文獻的卿是上大夫的記錄混同，加上受《周禮》記載的影響，所以才會說師氏是中大夫，事實上，大師爲王之卿事，爵位爲公，次於大師的師（如〈師𤔲鼎〉的𤔲）身分當是大夫，西周大夫或有高低之分，這樣的分級可能和能力職嗣有關，但說師氏之職的級別最高級爲中大夫，則是不對的。

（三）譱　夫

譱夫，傳世古籍作膳夫、宰夫，銘文作譱字，今人或隸定作常用字善。譱夫之職嗣，銅器銘文所見與《周禮》甚有出入，很早就爲學界所留意。

〔註86〕汪中文：《西周冊命金文所見官制研究》，頁 304。
〔註87〕張亞初、劉雨：《西周金文官制研究》，頁 21。
〔註88〕楊善群：〈西周銘文中的「師」與「師氏」〉，《考古與文物》1990：2，頁 37。

斯維至先生指出善夫職與宰相同：

> 案《周禮》冢宰下有膳夫，其職爲掌王之飲食膳羞，此於金文無徵。
> 大克鼎云：「王呼尹氏冊命善夫克。」王若曰：「克，昔先王既命汝
> 出納朕命。」則善夫爲出納王命，似與宰職相同。其他彝銘所見亦
> 大致如是。〔註89〕

古書中於膳夫膳宰宰夫等職常相混用，此亦可證彼等古本同職。清
胡匡衷、孫詒讓於其名義辨之至悉。茲引於下：「膳宰亦通稱宰夫。
如《左傳》稱膳宰屠蒯，而〈檀弓〉云「賁」也宰夫也。《左傳》稱
宰夫胹熊蹯而不熟，而《公羊》傳云膳宰熊蹯不熟，是其確證。膳
夫亦稱膳宰，〈玉藻〉云皆造於膳宰。《國語》云膳宰不致餼，是也。
《左傳》所云宰夫將解黿，宰夫和之之類，皆指謂膳宰。韋昭注《國
語》云膳宰掌賓客之牢禮，以宰夫職釋膳宰，皆由後世膳宰通稱宰
夫，不能辨別，遂誤合爲一（以上胡說），案胡說是也。（以下係孫
之案語）膳夫《大戴禮記·保傅篇》又謂之大宰，亦與冢宰異。」
（見《周禮正義天官序〈膳宰〉疏》）〔註90〕

《西周金文制度研究》則對善夫的職掌，加以整理，認爲善夫和宰是有別的，
對斯維至先生的看法提出修正的意見：

> 從銘文內容看，西周時期善夫的職掌是：1. 掌四方賓客飲食之禮並
> 及飲食的貯藏保管。（善夫山鼎「官嗣飲獻（賢）人」）；2. 掌傳達
> 王命（大毀蓋、大鼎、善夫克鼎）；前者是膳夫的基本職能，後者則
> 說明膳夫已經超越出掌王膳羞的職掌，而參與政治活動了。據《詩·
> 小雅·十月之交》「仲允膳夫」可以知道，在西周晚期，膳夫已有很
> 大的權勢。這在西周晚期的銘文中也可窺見一二。善夫克鼎在光緒
> 十六年（一八八八年）出土於陝西扶風法門寺，同時出土的銅器達
> 一百二十餘件之多。我國著名的重器大克鼎、小克鼎都是在這一次
> 出土的。善夫克擁有如此之多的青銅禮器群，並且能代王到成周去
> 整頓八師，克鐘還稱他「專奠王命」（《三代》一·二三），他的權勢
> 是可以想見的。〔註91〕

〔註89〕斯維至：〈兩周金文所見職官考〉，頁191。
〔註90〕同上註，文出該文註七。
〔註91〕張亞初、劉雨：《西周金文官制研究》，頁42。

在古書中對於膳夫、太宰、膳宰、宰夫等職常常糾纏不清。郭沫若
也以爲膳夫即太宰（《金文叢考》七五～七六）。膳宰、宰夫之名不
見於西周銘文，我們姑且不論。在西周銘文中，膳夫與宰基本上是
有明確的分工的，膳夫是管膳羞兼管政務，宰則是管理王家內外兼
管政務，似乎不應在他們之間簡單地劃上等號。〔註92〕

善夫本爲管理飲食之官，因在王側，漸而受王之使，奔走王命，至西周晚期，地位漸隆，我國官制中，相似的情況如：宰、尚書令等，本來地位不高，後來才成爲重要職官。汪中文先生認爲善夫有兩種層級：

善夫一職可能存有兩種層級，一爲享用大牢九鼎而命服爲「玄衣黹
屯、赤市、朱黃」者；另一則是享用大牢七鼎，而命服爲「叔市五
黃」者。〔註93〕

由銅器銘文中善夫受賜服飾來看，的確有不同的等級，至於是不是大牢九鼎或七鼎，還可留意，因爲大牢在禮學是專有詞，有一套嚴格的制度，西周晚期雖然列鼎制已形成，但「玄衣黹屯、赤市、朱黃」是否都配以九鼎，而「叔市五黃」者，是否都配以七鼎，是可以再觀察的，汪中文先生以善夫克（有〈大克鼎〉一件和〈小克鼎〉七件）爲例以說大牢七鼎，但善夫克的列鼎與考古、銅器學界習稱的列鼎制度有異，西周晚期列鼎常在一定尺寸範圍內的遞減，而善夫克的七件鼎是無序的遞減現象。〔註94〕列鼎的遞減現象在西周晚期已是常例，當時善夫克鑄這八件鼎，是否已有後世列鼎制度的思想，鼎數是否已完全反應器主身分，都是需要再考慮的。又汪中文先生所舉的「此器」，以〈此殷〉八件推鼎有九件，這樣的推測雖合乎鼎殷成組的制度，但是此的職嗣爲「旅邑人善夫」，是否是後世理解的九件列鼎的身分，是必需考量的。無論如何，西周晚期的善夫很可能是位列卿事的重要大臣。

關於善夫在西周職官系統的座標位置，楊寬先生將之列入太史寮：「后稷、膳夫、農正等官，都該是太史寮所屬的官吏。」〔註95〕他是由《國語·周語上》「宣王即位，不籍千畝」一事中虢文公的諫言：「后稷監之，膳夫、農正陳籍禮，太史贊王，王敬從之……其后稷省功，太史監之；司徒省民，

〔註92〕同上註，頁 42～43。
〔註93〕汪中文：《西周冊命金文所見官制研究》，頁 321。
〔註94〕周亞：〈關於晉侯蘇鼎件數的探討〉，《晉侯墓地出土青銅器國際學術研討會論文集》（上海博物館編，上海書畫出版社，2002 年 7 月），頁 450
〔註95〕楊寬：《西周史》，頁 323。

太師監之。」而得的看法，但這個看法顯然與研究西周官制的學者所提出的職官架構是有別的。《西周金文官制研究》在「西周早期官制系統表」（本論文附表一）中未列譱夫（膳夫、善夫），在「西周中期官制系統表」（本論文附表二）中將譱夫（善夫）列在宰的系統下，「西周晚期官制系統表」（本論文附表三）中將譱夫列在卿事寮司馬、大師之下。黃然偉先生的「西周賞賜銘文所見官職關係表」（本論文附表五）將譱夫（善夫）列在師（師臣）之下，這樣的分歧顯然受「右者與受賜者有從屬關係」的影響由賞賜銘文職官架構出來的職官表。上面引文中斯維至先生的研究已指出譱夫和宰是同一系，本文認爲將譱夫列在宰下是正確的，譱夫和宰的關係如同作冊和史的關係，西周晚期譱夫的地位漸尊，但不宜將之列之師或大師之下。

（四）嗣　士

嗣士也是受到學界重視的一個職官，斯維至先生的研究指出：

> 案嗣士之名僅見於牧敦，其銘云：「牧，昔先王既命汝作嗣士（中略）汝毋敢（弗帥）先王作明刑用。霅乃嗣庶右隣，毋敢不明不中不刑。」此司士當即趞鼎「啻官僕射士」之士，彼銘云「嗣小大右隣」與此「嗣庶右隣」亦合。據此可知司士實掌刑罰，與《周禮》言：「掌群臣之版，辨其年歲與其貴賤」云云則又不同。
>
> 又彝銘中有士舀（〈克鐘〉）、士商歔（〈魯士商歔敦〉）、士父（〈士父鐘〉）、士浮父（〈士浮父簠〉）猶史頌宰弘等以官爲氏，或即司士。
>
> 〔註96〕

如此，則嗣士爲刑官，〈牧敦〉的器主牧受職「辟百寮」，可見地位甚尊，而斯維至先生認爲稱士的幾件器或即司士，《西周金文官制研究》提出的意見如下：

> 西周早期有士而沒有見到稱司士的。司士銘文都是西周中晚期才出現的。如果這種情況屬實，那麼似乎可以認爲，士官從西周中期開始有了一定的發展，在諸士的基礎上，增設了司士一職。……司士與刑事有關。〔註97〕
>
> 士與司士在西周中晚期有一定的從屬關係。司士是諸士之長，職掌群臣百僚的考察、任免、刑賞諸事，以佐王之吏治。司士是當時的

〔註96〕斯維至：〈兩周金文所見職官考〉，頁205。
〔註97〕張亞初、劉雨：《西周金文官制研究》，頁38。

一種顯要的職官。〔註98〕

以司士爲諸士之長，其說甚佳，在本章第一節提到士加於人名前，則爲職官，士和宰相近，爲王之近臣。嗣士由〈牧段〉銘文來看，地位既尊，而掌訊刑之事。銘文中的嗣士和文獻的司士有別有同，汪中文先生說：

> 嗣上盍掌司刑罰諸事，並以之督察群臣、百僚，以佐王之吏治，與後世司寇之職頗爲相近。……左傳之司士，爲勇力之士，職同周禮之司右；儀禮燕禮司士之職不明，於大射禮中則掌戒令；禮記文王世子之司士，則掌群臣之班位之事；周禮夏官司馬之屬有司士，其職「掌群臣之版，以治其政令」，「掌國中之士治，凡其戒令」，「凡邦國三歲則稽士任，而進退其爵祿」；文獻所述司士之職多近似，而皆不涉及刑罰之事，與銘文嗣士之職相去頗遠。……周禮秋官司寇之屬有「士師」，其職掌司刑罰獄辯訟之事，則銘文記嗣士掌司刑罰諸事，正存古義。〔註99〕

《周禮》的司士「掌國中之士治，凡其戒令」，和〈牧段〉的「訊、刑」或有可繫聯之處，不過〈牧段〉的嗣士之職嗣遠大於《周禮》的司士，《禮記・文王世子》的司士掌群臣之班位之事，或許可和〈牧段〉的「辟百寮」有關，這是傳世古籍和銅器銘文中嗣士所同之處，而《左傳》的司士就是不相干的了。汪中文認爲士師和銘文嗣士相似，值得留意。銅器銘文嗣士僅一見，依銘文研究的經驗，一個職官常有幾類職嗣（如上文提到的師、嗣土等），所以傳世古籍中的司土有不同的職嗣，反而合乎銅器銘文的情況，既然文獻和〈牧段〉所提供的內容，有可合之處，此正是汪先生所指出的「正存古義」，但也有歧異之處，此則是研究西周職官常遇到的情形。

　　關於士，《西周金文官制研究》認爲：

> 從士上盃、貉子卤和克鐘銘文看，士由于是常在王之左右，所以有時也可受王之命外出辦事，或者在賜命禮中作儐右等。《周禮・夏官・司士》：「凡會同作士從，賓客亦如之，作士適四方使爲介，大喪作事掌事。」《周禮》所記與銘文內容也是相合的。〔註100〕

此說可從。汪中文先生也說：「士之職司，類似宰官，與司（嗣）士之職司刑

〔註98〕同上註，頁 39。

〔註99〕汪中文：《西周冊命金文所見官制研究》，頁 123～125。

〔註100〕張亞初、劉雨：《西周金文官制研究》，頁 39。

罰相去頗遠。」〔註101〕由銘文來看，士常爲王所使，與宰的確類似，雖士與嗣士之職司頗遠，但與嗣士掌管諸士，並不相悖，嗣士掌訊、刑、辟百寮，而士亦爲百寮之中，若有違乎刑法，則嗣士便可訊刑。《西周金文官制研究》有一個說法，值得參考：

> 早期司馬、司工兩稱沒有出現，中期則大量出現，且與司土一起明確名之爲參有嗣。各諸侯國的參有司也出現了。司寇一官未獨立，隸屬於司工之下。因官職加多，吏治任務繁重，特設士一官「辟百寮」。早期士職與小臣一樣，隸屬於宰下，乃王之一般近臣、中期士官總歸司士管轄，統理百官之治，地位較高，司士很可能達到與參有司並列的程度。〔註102〕

接著，得說明冊命賞賜和職官的關係。研究職官和冊命賞賜的學者的兩類看法，分別引用如下：

第一種看法「無嚴格規定」

據銘文所示，西周之冊命賞賜，賞賜物數量之多寡，與官階之高低及官員之職司，並無嚴格之規定；同一官階所得之賞錫，其質與量並不儘相同。〔註103〕

第二種看法「不能僅看職官，還得考慮爵等」

推論冊命賜物相同而官職有所不同者，乃因同一爵等、命數，有不同之職官，所以命服相同，其官職可以有所不同。〔註104〕

這兩種看法，乍看相同，實有不同之處，第二種看法是肯定等級與賞賜物是有關係的，而第一種看法則採否定的態度。

在探討完以上的各項職官，本文對西周的職官系以王貴民先生《商周制度考信》所製職官系統表（即本論文「附表五」）爲基礎（事實上最初的根據是《西周金文官制研究》的三個職官表），依個人所見製成西周職官系統表，爲本論文「附表六」。

二、職官與官嗣等級的分析

一種職官，常有不同的等級，《西周金文官制研究》對小臣的說明，可以

〔註101〕汪中文：《西周冊命金文所見官制研究》，頁127。
〔註102〕張亞初、劉雨：《西周金文官制研究》，頁107。
〔註103〕黃然偉：《殷周青銅器賞賜銘文研究》，頁157。
〔註104〕汪中文：《西周冊命金文所見官制研究》，頁8。

算是一個實例：

> 無論是西周早期還是西周中期、晚期，小臣都同時存在身份高與低
> 的兩種人，雖然同叫小臣，他們所處的地位並不相同。〔註105〕

在探討職嗣和賞賜物的關係，必須留意到這一點，否則便很容易認爲「沒有明確的關係」。

再者，西周的職官在職嗣上固有其所掌職務，但也常見被指定去輔助他人，或另派職務，這是另外的兼任職嗣，不一定是他本身職官所管的，而且兼任職嗣也不必與其本來職掌相關，如〈揚殷〉04294-295 的既爲「嗣工」又爲「嗣寇」，便是一例。

下面就銘中出現較多實例的職官來探討，本文試著由此來提供命服等級的參考依據，並探索同一職官的不同等級。

（一）師

作器人爲師，而銘文中又載有職嗣或冊命受賜物的例子如下：

編　號	器　名	賞　賜　物	職　嗣	時代
04251-252	大師虘殷	虎裘	大師	B
02813	師奎父鼎	載市冋黃玄衣黹屯戈琱戍旂	師	B
02830	師觛鼎	玄袞齱屯赤市朱橫纁旂大師金雁攸勒	師	B
04196	師毛父殷	赤市	師	B
04283-284	師瘨殷蓋	金勒	師、官嗣邑人師氏	B
04316	師虎殷	赤舄	師、啻官嗣ナ右戲緐荊	B
02817	師晨鼎	赤舄	師、疋師俗嗣邑人隹小臣善夫守□官犬眔奠人善夫官守友	B
10322	永盂	乎田陰昜洛彊眔師俗父田	奠師	B
04257	弭伯師耤殷	玄衣黹屯鋚市金鈧赤舄戈琱戍井沙攸勒纁旂五日	弭白、師	C
04253-254	弭叔師察殷	赤舄攸勒	師（弭白師）	C

〔註105〕張亞初、劉雨：《西周金文官制研究》，頁 44～45。

04342	師訇殷	䯧鬯一卣圭瓚夷允三百人	師	C
04274-275	元年師兌殷	（乃）且市五黃赤舄	師、疋師龢父嗣ナ右走馬五邑走馬	C
04318-319	三年師兌殷	䯧鬯一卣金車桒較朱虢圅斳虎冟熏裏右厄畫轉畫轎金甬馬三匹攸勒	師、㸪嗣走馬	C
04277	師龡殷蓋	赤市朱黃旂	師、㸪嗣佳人	C
04279-282	元年師旋殷	赤市同黃麗鞶	師、備于大ナ官嗣豐還ナ又師氏	C
04467-468 N199401	師克盨	䯧鬯一卣赤市五黃赤舄牙僰駒車桒較朱虢圅斳虎冟熏裏畫轉畫轎金甬朱旂馬三匹攸勒素鉞	師、㸪嗣ナ右虎臣	C
04312	師頪殷	赤市朱黃䜌旂攸勒	師、嗣土嗣汸閜	C
04324-325	師瘨殷	叔市金黃赤舄攸勒	師、嗣且舊官小輔鼓鐘	C
04286	輔師嫠殷	更且考嗣輔：載市素黃䜌旆 曾命：玄衣黹屯赤市朱黃戈彤沙瑪戚旂五日	嗣輔	C

　　有兩組銘文，可以先提出來討論，分別是「師兌」和「師嫠」：

● 師兌二器：〈元年師兌殷〉與〈三年師兌殷〉

　　這兩件器記載了兩次冊命，初命時師兌職嗣是「疋師龢父嗣ナ右走馬五邑走馬」，增命時是「㸪嗣走馬」，在〈三年師兌殷〉銘文中周王說的很清楚「余既令（命）女（汝）足（胥）師龢父嗣ナ（左）右走馬，今余隹（唯）䰀（申）臺乃令（命）＝，（令）女（汝）㸪嗣走馬」所以增命時，師兌是加了職嗣，他本來只是輔助師龢父管理左、右走馬，現在除了師的身分外，又當了管理走馬的正官，師和走馬的關係可以作一表如下：

師		
	走馬	
		左走馬
		右走馬

　　師有幾個等級，走馬也有不同的等級，大致上走馬是由師來管理的，而

在走馬這類職官中，有一個較高等級的走馬。當師兌在增命時，他的職官是師，又掌理走馬，所以賞賜物除了嚳圅一卣外，有全套的車馬器，顯然師兌的身分在第二次冊命中提升了很多。

●師嫠二器的三次冊命：〈師嫠段〉與〈輔師嫠段〉

〈輔師嫠段〉提到第一次冊命，是更且（祖）考嗣輔，而賞賜「韋（載）市素黃、緣旂」，第二次冊命（增命）「玄衣黹屯、赤市朱黃、戈彤沙琱戜、旂五日」，這次的增命，並未提到官職有何變化，可能是增加其在師這一職類中的等級。在〈師嫠段〉中，師嫠再度得到冊命，這有「繇（申）豪乃命」之外，由「嗣小輔」增加職嗣為「嗣小輔眔鼓鐘」，賞賜物為「叔市金黃、赤舄、攸勒」。三次賜物可以列表如下：

器　　名	命數	衣	市	黃	舄	戈	旂	車馬
師嫠段	三命		叔市	金黃	赤舄			攸勒
輔師嫠段	再命	玄衣黹屯	赤市	朱黃		戈彤沙琱戜	旂五日	
輔師嫠段	初命		載市	素黃			緣旂	

顯然，可以看出師的三個等級來，市黃是分級的重點，由尊而卑依次為「叔市金黃→赤市朱黃→載市素黃」，是三種市三種黃，其次旂五日尊於緣旂。

有了上面的討論，得到一個基準，接著再將其他「職嗣為師的受賜人」諸器中載有受賜「衣、市、黃」的挑出，有八件：〈師至父鼎〉、〈師訇鼎〉、〈弭伯師耤段〉、〈元年師兌段〉、〈師幹段蓋〉、〈元年師旂段〉、〈師克盨〉、〈師類段〉，前兩件為西周中期器，後六件為西周晚期器，這六件中〈師訇鼎〉、〈弭伯師耤段〉和〈師克盨〉的器主等級較高，可以得到一個等級表如下：

級數	衣	市	黃	旂	車　　馬	兵器	職嗣
一							大師
二	玄袞齻屯	赤市	朱橫	緣旂	大師金雁攸勒		
三		赤市	五黃		車夆較朱虢圅靳虎冟熏裏畫轉畫輀金甬朱旂馬三匹攸勒	素鉞	牪嗣ナ右虎臣

三			五黃				疋師龢父嗣ナ右走馬五邑走馬
四	玄衣黹屯	銾市	金釓	緣旂五日	攸勒	戈琱威井沙	（弭白）
四		銾市	金黃		攸勒		師、嗣且舊官小輔鼓鐘
五	玄衣黹屯	赤市	朱黃			戈肜沙琱威旂五日	
五		赤市	朱黃	緣旂	攸勒		嗣土嗣汸闇
五		赤市	朱黃	旂			觀嗣佳人
六		赤市	同黃				備于大ナ官嗣豐還ナ又師氏
六	玄衣黹屯	載市	同黃	旂		戈琱威	
		載市	素黃	緣旆			嗣輔

◎關於「衣」的部分，未提及賜衣的，可能本來所服爲玄衣（黹屯），只有師訊受賜「玄袞」。

◎在賞賜兵器上，可能因爲都是師的職嗣，所以在身分識別的作用較小。

◎五黃和朱黃的尊卑，目前沒有足夠證據區分。

◎叔市和朱市的尊卑，主要受到師㚄二器的影響而做如此安排，在上一章本文提到朱市比叔市爲尊，但只以市定尊卑是不足爲憑的，還應考慮衣和黃的等級。

（二）嗣　土

任「嗣土」而同時有冊命賞賜物資料的有五例，如下表所示：

編號	器名	賞　賜　物	職　嗣	時代
04626	免簠	戠衣緣	嗣土嗣奠還歡罙吳罙牧	B
09728	曶壺蓋	曼𢄛一卣玄袞衣赤市幽黃赤舄攸勒緣旂	乍冡嗣土于成周八自	B
04197	卻曶殷	戠衣赤𢆶市	嗣土	C

04255	戠𣪘	戠玄衣赤🔾市緣旂	乍嗣土官嗣耤田、胥徒馬	C
04312	師穎𣪘	赤市朱黃緣旂攸勒	師（尹白子）→嗣土嗣汸闇	C

　　這五例中，以曶的地位最高，他的職嗣爲「成周八𠂤的冢嗣土」，他受賜「玄袞衣」，正和職嗣可以相應。另一位師穎身分也是較高的，他是尹白（伯）的兒子，如果爲尹白嫡子，則爵位爲白，如果非嫡子，那麼身分可能爲大夫。另有一件賜戠玄衣的例子，可能和他胥走馬有關，依理推之戠玄衣可能介於玄衣和戠衣之間，但是證據仍有不足，也不排除戠玄衣和戠衣是一個等級中的小區別（也就是説戠玄衣非常例）。

等　　級	衣	市	黃	旂
一	玄袞衣	赤市	幽黃	緣旂
二		赤市	朱黃	緣旂
三	戠玄衣	赤🔾市		緣旂
四	戠衣	赤🔾市		緣

（三）嗣　工

　　嗣工爲參有嗣之一，傳世古籍作「司空」，而銅器銘文未見作嗣空者，漢儒不知「空」乃「工」之假借，於是有「天子立司空，使掌邦事，亦所以富立家，使民無空者也。」（鄭玄《周禮目錄》）、「空尙主之，何況於實」（《白虎通・封公侯》）、「司空主土，古者穴居，主穿土爲穴以居之也。」（《初學記・職官》引應劭言），其實由銘文「嗣工」，其職務可以由官名得其大概。〈揚𣪘〉04294-295 載周天子賜揚「乍（作）嗣工」，其職嗣爲「嗣量田甸、罘嗣㢊、罘嗣芻、嗣寇、罘嗣工司」，揚居官嗣工，其職務是管有關田甸、芻糧、㢊、工司等，嗣寇是兼攝的職務，這樣的記錄和古籍有相應之處，如：

- 《左傳・莊公二十六年》：晉士蒍爲大司空，夏，士蒍城絳，以深其宮。
- 《左傳・襄公三十一年》：司空以時平易道路。
- 《詩・大雅・綿》鄭玄箋：司空掌營國邑。

又《左傳・桓公六年》宋國因武公名司空而改「司空」爲「司城」，這些記載和〈揚𣪘〉可以相證。

　　銘文中受職嗣工者有二例：西周中期的〈免卣〉05418 和西周晚期的〈揚𣪘〉04294-295。免受賜「載市同黃」；揚得到的賞賜物是「赤🔾市市、緣旂」，並得「訊訟取𧵑（遺、遺）五守」，本論文第三章第三節研究指出西周中期「載

市」可能高於「赤ⵠ市」，而晚期「赤ⵠ市」可能高於「載市」，因此可說赤
ⵠ市和載市等級差別不明顯。此二例的時代一在中期，一在晚期，在比較上
有時代的變因，但可以觀察出揚任嗣工之外，又兼攝了嗣寇，其地位當比中
期的免爲高。

　　另外西周中期的盠（〈盠方尊〉06013），職嗣是「嗣六自、王行、參有嗣：
嗣土、嗣馬、嗣工、靉嗣六自罙八自𠬝」，是盠爲嗣工的長官，他受賜「赤市
幽亢」，亦可佐證赤市比載市爲尊，亦尊於赤ⵠ市。

　　嗣工和嗣土是並列於參有嗣的，地位亦當相等，上文討論嗣土時認爲嗣
土可以分爲四個等級，冢嗣土是赤市幽黃，爲嗣土中最尊者，西周晚期的〈叡
𣪘〉04255 是「乍（作）嗣土官嗣耤田、胥徒馬」也是「取𧼈五守」，賞賜
物是「叡玄衣、赤ⵠ市、緣旂」，和〈揚𣪘〉的揚受賜同樣的市，取相同的
𧼈，是叡和揚的等級相當，賜職嗣工的銘文雖僅二例，但由嗣土參照，亦可
推其等級。

（四）走　馬

　　職嗣與走馬有關而又有賞賜物可資探索的，有以下五例，二例爲西周中
期，三例屬西周晚期：

編　號	器名	賞賜物	職嗣	時代
10170	走馬休盤	玄衣黹屯赤市朱黃戈琱威彤沙厚必緣㫃	走馬	B
N199601	虎𣪘蓋	載市幽黃玄衣臄屯緣旂五日	足師戲嗣走馬駛人罙五邑走馬駛人	B
04274-275	元年師兌𣪘	（乃）且市五黃赤舄	足師龢父嗣ナ右走馬五邑走馬	C
04318-319	三年師兌𣪘	𤫫𢑌一卣金車奉較朱虢圅靳虎冟熏裏右厄畫轉畫轎金甬馬三匹攸勒	靉嗣走馬	C
04255	叡𣪘	叡玄衣赤ⵠ市緣旂取𧼈五守	乍嗣土官嗣耤田、胥徒馬、取𧼈五守	C

其中有師兌的兩例，師兌的主要職位是師，〈虎𣪘蓋〉的器主虎也是師（由職
嗣爲輔助師戲管理走馬駛人推之），〈叡𣪘〉的主要職位是嗣土，而又充任走
馬的副手，故可以得出一個等級關係，師兌於三年升爲走馬的主管，在五例
中地位最高，師兌初命時爲輔助管理走馬，次於三年所升之職，走馬休爲走

馬之職，虎輔助管理走馬駿人，走馬休和虎的身分尊卑，仍未能遽定，載爲𤔲土又輔助走馬，他本身是𤔲土中等級不高的：

等級	衣	市	黃	旂	車　馬	職　𤔲
一					金車奉較朱虢𢆶靳虎冟熏裏右厄畫轉畫輯金甬馬三匹攸勒	𤔲走馬
二			五黃			疋𤔲ナ右走馬五邑走馬
三	玄衣黹屯	赤市	朱黃	䜌旂		走馬
三	玄衣㡀屯	載市	幽黃	䜌旂五日		足走馬駿人眔五邑走馬駿人
四	戠玄衣	赤[illegible]市		䜌旂		𤔲土官𤔲耤田、胥徒馬

（五）譱　夫

譱夫，文獻作「膳夫」，《詩・小雅・十月之交》提到「仲允膳夫」，由詩中所列官員皆當時大臣可以推知，在西周晚期膳夫已有很大的權勢。再證以銅器：光緒十六年（1888 年）於陝西扶風法門寺出土一百二十餘件的銅器，大克鼎、小克鼎都是在這一次出土。克的官職是譱夫，他擁有如此之多的銅器，足見其地位之尊，由銘中提到他代王到成周去整頓八師，深得周王信任與重用。

西周銅器銘文中提到受賜人是譱夫的有「譱夫山」（〈善夫山鼎〉02825）和「譱夫克」（〈大克鼎〉02836、〈小克鼎〉、〈善夫克盨〉04465），皆爲西周晚期器，譱夫山的官𤔲是「官𤔲歙獻人于冕用乍寍司賓」，賞賜物爲「玄衣黹屯赤市朱黃䜌旂」。〈大克鼎〉銘載譱夫克受賜物爲「叔市參冋葬悤、田于埜、田于溥、井寓田于䣙吕乎臣妾、田于康、田于匽、田于陣原、田于寒山、史小臣霝龠鼓鐘、井逆人、井人奔于量」，〈譱夫克盨〉非冊命賞賜銘文，賞賜物爲「田人」。

另外，〈師晨鼎〉02817 提到師晨的官𤔲是「疋（胥）師俗𤔲邑人，隹小臣、譱夫、守□官犬、眔奠人、譱夫、官守友」，可見譱夫有不同的等級，師晨所輔助師俗所管理的譱夫和譱夫山、譱夫克不同，明顯的等級較低。至於譱夫應分爲多少等級，則限於資料，只能闕疑。

〈此鼎〉02821-823 受賜「玄衣黹屯赤市朱黃䜌旂」，此的身分值得討論，

銘文中有一段文字，隸定如下：

> ……旦，王各（格）大室，即立（位）。嗣土
> 毛弔（叔）右此入門，立中廷。王
> 乎（呼）史翏冊令此曰：「旅邑人
> 譱夫，易（錫）女（汝）玄衣黹屯（純）、赤市
> 朱黃、䜌旅（旂）。」此敢對𩊚（揚）天子……

銘文中的「旅邑人譱夫」可有兩種解釋，一是「旅邑人、譱夫」與〈師晨鼎〉的「邑人」、「譱夫」同為受賜人所管理的臣屬，也就是說王令此管理旅邑人和譱夫。如此則作器人此職嗣與師晨相似，而〈此鼎〉銘文在記錄冊命授職之語時省去「官嗣」、「令…嗣」、「觏嗣」等動詞。第二種可能是「旅邑人、譱夫」是對此的稱呼，也就是此的身分是旅邑人、譱夫，如此則譱夫是其官職。

由賞賜「玄衣黹屯、赤市朱黃、䜌旂」來看，此的身分不低，應比〈師晨鼎〉的譱夫官位為高。和譱夫山的賞賜物相同，此和山應是同等級的譱夫。這一級的譱夫所著的命服「玄衣黹屯、赤市朱黃」。

另外，值得一提的是「譱夫山」的官嗣是「官嗣歈獻人于𦤶用乍𠌶司賓」，賞賜物是「玄衣黹屯赤市朱黃䜌旂」。同樣被授予管理「賓」的頌（〈頌鼎〉02827-829「官嗣成周賓廿家、監嗣新寤、賓用宮御」），頌的賞賜命服也是「玄衣黹屯、赤市朱黃、䜌旂（尚有攸勒）」，可見譱夫山和頌的職嗣相似，命服相同，這一點說明西周晚期的確有一套命服等級的制度。

（六）嗣虎臣

「嗣虎臣」屬於職嗣（官嗣），非職官名。目前可見的賞賜銘文中，未有虎臣受賜的例子，但卻有數例是「官嗣虎臣」的銘文，因此可由此來探索「官嗣虎臣者」的職官等級，及其賞賜物。

虎臣見於傳世文獻，如《書·顧命》：「乃同召太保奭、芮伯、彤伯、畢公……師氏、虎臣、百尹」、《詩·大雅·常武》：「進厥虎臣，闞如虓虎」、〈魯頌·泮水〉：「矯矯虎臣，在泮獻馘」等，由〈顧命〉來看，虎臣是官職，在師氏之下，百尹之上，地位不低。而《詩》的兩處虎臣為出征的主力，當釋為勇猛善戰的部隊為宜。

傳世文獻常見「虎賁」一詞，《書·顧命》「太保命仲桓、南宮毛、俾齊侯呂伋，以二干戈，虎賁百人，逆子釗于南門之外。」同篇亦有虎臣，由其內容推勘，虎臣和虎賁似有不同，虎臣地位高於虎賁，虎賁近於王的侍衛隊，而虎

臣為低於師氏的將領。〈顧命〉孔安國注「虎臣」為「虎賁氏」，是虎臣為虎賁之長，如師氏為眾師之長、尹氏即內史尹為內史之長，由此推之，虎臣為虎賁之長，即虎賁氏，為地位不低的武職官員，而虎賁則為王的近衛武士。

　　《國語‧魯語下》記載穆子的話：「天子有虎賁，習武訓；諸侯有旅賁，禦災害。」則虎賁為天子專有的武士部隊，《周禮‧夏官》有虎賁氏，並有以下的說明：

> 虎賁氏掌先後王而趨以卒伍。軍旅、會同亦如之。舍則守王閑。王在國，則守王宮。國有大故，則守王門，大喪亦如之。及葬，從遺車而哭。適四方使，則從士大夫。若道路不通有徵事，則奉書以使於四方。

由這裡的記載大致可以推知傳世古籍所稱的「虎賁」和西周銅器銘文中的「虎臣」大致相同，這也可由〈無叀鼎〉02814「穆王遄側虎臣」到得佐證，銅器銘文僅見「虎臣」，未見「虎賁」一詞。本文認為虎賁氏為虎賁之長，虎賁和虎臣在傳世古籍中或有出入，這可能涉及文獻的寫定時代和「專稱－泛稱」的問題。黃盛璋先生指出：

> 文獻中王的衛士稱做虎賁或虎賁之士，如《書序》武王伐殷，「虎賁三百人」，周王錫晉文侯與晉文公都有虎賁三百人……《周禮》虎賁氏所屬有虎士，執戈盾守王閑王宮王門；旅賁氏所屬的有旅賁，執戈盾守王車。他們顯然都是王的衛士，管轄王衛士之官就是虎臣。虎臣與虎賁對稱時是有區別的，這從《尚書‧顧命》中獲得證明。《顧命》中既出現虎臣，也出現虎賁，虎臣的地位如上文所引在師氏之後，百尹、御事之前，肯定是官；可是後文又有「太保命仲桓……虎賁百人逆子釗于南門之外」，這裡的「虎賁」顯然就是士不是官，和上文虎臣的地位是有區別的。虎臣分為左右，說明王的衛士必分為左右兩營，猶如後代之左右兩御營軍，所以管轄之官亦當分為左右兩職。左右虎臣所率領的虎賁之士，簡稱就是虎賁或虎士，可是有時也可統稱為虎臣，師衮殷王命師衮率左右虎臣征淮夷，顯然不僅包括士，也包括率領之官在內。〔註106〕

黃先生提出傳世古籍記載的「虎賁」和「虎臣」有別、虎賁有時也可統稱虎

〔註106〕黃盛璋：〈關於詢殷的制作年代與虎臣的身分問題〉，《考古》1961：6，頁332
　　　　～333。

臣，這些意見很有見地。《商周青銅器銘文選》在考釋〈或方鼎二〉時，對虎臣注釋如下：

> 虎臣之名金文中數見，訽簋銘言適官邑人，先虎臣後庸，然後爲諸夷之名。知此虎臣即經籍之虎賁。《周禮・夏官司馬・虎賁氏》：「掌先後王而趨以卒伍，軍旅會同亦如之。舍，則守王閑。王在國，則守王宮。國有大故，則守王門。」而《秋官司寇・蠻隸》：「掌役校人養馬。其在王宮者，執其國之兵以守王宮。在野外則守厲禁。」而《夷隸》、《貉隸》之「其守王宮者，與其守厲禁者，如蠻隸之事。」虎賁之職同樣有守王閑、守王宮的任務，其地位在蠻隸之上。因此虎賁是統率蠻隸的，而蠻、夷、貉諸隸又有其自己的兵員。這和師酉簋銘文所載是一致的，只是師酉所轄的虎臣，屬於統領夷隸之兵。所以銘文的虎臣就是《周禮・夏官司馬》的虎賁氏。〔註 107〕

虎賁氏是虎賁之長，《左傳・僖公二十八年》載「王命尹氏及王子虎、內史叔興父策命晉侯爲侯伯，賜之大輅之服，戎輅之服，彤弓一，彤矢百，玈弓矢千。虎賁三百人。」亦可證虎賁爲武士，和武官不同，虎賁氏才是武官。王貽梁先生指出：

> 虎臣，文獻又作「虎賁」、「虎賁氏」。……我們認爲「虎士」應該即是「虎賁之士」的簡稱。《周禮》有虎賁氏，又有虎士。官與兵的區別很清楚。而他處沒有這樣的區別，一概稱爲「虎臣」或「虎賁」。
>
> 虎臣與師氏一樣，也有內、外朝的分職。內朝爲王之衛隊，外朝爲軍隊之精銳。由是虎臣只有武職，就不像師氏那樣還有文的文職。〔註 108〕

王先生補充了虎臣有內、外朝之分，是很值得重視的意見。

銅器銘文中被授予管理虎臣的職嗣者，有無叀、毛公𢉄、師酉、訽、師克等，茲整理如下：

編　號	器　名	賞　賜　物	官　　嗣	時代
02814	無叀鼎	玄衣黹屯戈琱戟厚必丹沙攸勒䜌旂	官嗣穆王遉側虎臣	C
02841	毛公鼎	取價卅寽、鬱鬯一卣祼圭瓚	尹卿事寮大史寮、𦔻	C

〔註 107〕馬承源主編：《商周青銅器銘文選》，頁 117。

〔註 108〕王貽梁：〈「師氏」、「虎臣」考〉，《考古與文物》1989：3，頁 64。

		寶朱市悤黃玉環玉瑲金車夆緙較朱虦冋斲虎官熏裏右厄畫轉畫輴金甬錯衡金踵金豪約[image]金簟弻魚葡馬三匹攸勒金韱金雁朱旂二鈴	釐公族雩叄有釐小子師氏虎臣	
04288-291	師酉殷	赤市朱黃中絲攸勒	啻官邑人虎臣西門尸象尸秦尸京尸夆尸身尸	B
04321	訇殷	玄衣黹屯戠市同黃戈琱戜厚必彤沙緣旂鑾勒	啻官訇邑人先虎臣後庸西門尸秦尸京尸象尸師等側新□夆尸夆身尸氒人成周走亞戍秦人降人服尸	C
04467-468 N199401	師克盨	[image]一卣赤市五黃赤舄牙僰駒車夆較朱虢高斲虎官熏裏畫轉畫輴金甬朱旂馬三匹攸勒素鉞	師、鞃釐冂右虎臣	C

　　這些器銘中以毛公厝的地位最尊，其他例子的賞賜物也足以看出受賜者的身分不低，如「玄衣黹屯」、「赤市朱黃」、「赤市五黃」等，其中應特別提出來討論的是師酉和訇這一組父子〔註109〕的賞賜物，訇的器除了初命的〈訇殷〉外，尚有再命的〈師訇殷〉04342，訇繼承其父師酉，在職釐上可以看出訇所管理的尸（夷）較其父爲多，而他的命服是「戠市同黃」，其父師酉的命服是「赤市朱黃中絲」，訇的命服比其父低，再命時的〈師訇殷〉也沒有再賜市黃，因此由資料上不能看出訇是否後來升到了赤市的等級，但因爲在〈訇殷〉中他是初命，所以受賜的市是戠市，這可以解釋爲命服的等級除了職釐的因素外，還有命數的因素，訇因初命故在市黃的等級尚不及同職釐的父親，這點在探討世官制度是不可忽視的。至於虎臣的主管，由師酉、師克、訇（至再命時已稱師訇，初命時或可能已是師）來考慮，虎臣應是歸師來管理，這一點是合乎古籍記載的。

（七）釐六𠂤、八𠂤

西周中央的正統軍隊有六𠂤和八𠂤，這是西周史及銅器銘文考釋的專

〔註109〕關於二人的關係，可參考李學勤：〈西周中期青銅器的重要標尺——周原庄白、強家兩處青銅器窖藏的綜合研究〉，《中國歷史博物館館刊》1979：1。

題，學界討論的的文章甚多，徐中舒〔註110〕、于省吾〔註111〕、楊寬〔註112〕、李學勤〔註113〕、孫曉春〔註114〕、王慎行〔註115〕、王人聰〔註116〕等先生都提出看法。

　　銘文中出現相關的軍隊名稱有「六𠂤」、「西六𠂤」、「八𠂤」、「殷八𠂤」、「成周八𠂤」、「成𠂤」等。出現「六𠂤」名稱的銘文有西周中期的三例：〈□肇貯𣪘〉、〈呂服余盤〉、〈盠方尊〉〈彝〉（尊彝同銘，屬西周中期偏晚）；晚期一例：〈南宮柳鼎〉。

　　　　〈□肇貯𣪘〉04047：隹（唯）巢來攻，王令東宮追吕（以）六𠂤（師）之年。

　　　　〈呂服余盤〉10169：王曰：「服余！令（命）女（汝）更乃且（祖）考事疋（胥）備中（仲），𤔲（司）六𠂤（師）服。……」

　　　　〈盠方尊〉06013：王冊令（命）尹易（賜）盠：赤市、幽亢、攸（鋚）勒。曰：「用𤔲（司）六𠂤（師）、王行、參有𤔲＝（𤔲：𤔲）土、𤔲馬、𤔲工。」王令盠曰：「𤔲𤔲（司）六𠂤（師）罘八𠂤（師）𪩲（藝）。」

　　　　〈南宮柳鼎〉02805：王乎（呼）乍冊尹冊令（命）柳𤔲（司）六𠂤（師）牧、陽（場）、……

出現「西六𠂤」一詞的只有西周晚期的〈禹鼎〉一例：

〔註110〕徐中舒：〈禹鼎的年代及其相關問題〉，《考古學報》1959：3。又載《徐中舒歷史論文選輯》下冊（北京：中華書局，1998年9月）頁994-1020。

〔註111〕于省吾：〈略論西周金文中的「六𠂤」和「八𠂤」及其屯田制〉，《考古》1964：3，頁152～155。
　　　　于省吾：〈關於「論西周金文中六𠂤八𠂤和鄉遂制度的關係」一文的意見〉，《考古》1965：3，頁131～133。

〔註112〕楊寬：〈論西周金文中「六𠂤」「八𠂤」和鄉遂制度的關係〉，《考古》1964年8期，頁414～419。
　　　　楊寬：〈再論西周金文中「六𠂤」和「八𠂤」的性質〉，《考古》1965：10，頁525～528。

〔註113〕李學勤：〈西周金文的六師、八師〉，《華夏考古》1987：2。又載《李學勤學術文化隨筆》（北京：中國青年出版社，1999年1月），頁273～284。
　　　　李學勤：〈郿縣李家村銅器考〉，《文物參考資料》1957：7，頁58～59。

〔註114〕孫曉春：〈成周八師爲東方各國軍隊說〉，《史學集刊》1986：4，頁1～4。

〔註115〕王慎行：〈呂服余盤銘考釋及其相關問題〉，《文物》1986：4，頁1～7。

〔註116〕王人聰：〈西周金文中的殷八師與成周八師—讀金文札記〉，《考古與文物》1993：3，頁76～77。

〈禹鼎〉02833－834：王迺命西六自（師）、殷八自（師）曰：「鬓（撲）
　　伐噩（鄂）戻（侯）駿方……

學界認爲「六自」是「西六自」的簡稱。由〈南宮柳鼎〉，可知六自有其駐地，故南宮柳被冊命任職管理六自駐地的牧、場等職，而〈呂服余盤〉的「六自服」及〈盠方尊〉、〈彝〉銘文中的「六自八自執」，應是有關六自和八自的事務。因此六自有其駐地，有職官管理，由銅器銘文來看，至晚在西周中期已爲定制。

　　「八自」一詞，見於〈盠方尊〉、〈彝〉。

「殷八自」見於西周早期的〈小臣謎段〉和〈禹鼎〉：

　　〈小臣謎段〉04238－239：白（伯）懋父昌（以）殷八自（師）征東
　　　尸（夷）。

「成周八自」見於中期偏後的〈智壺蓋〉及晚期的〈小克鼎〉：

　　〈智壺蓋〉09728：王乎（呼）尹氏冊令（命）智曰：「更乃且（祖）
　　　考乍（作）冢嗣土于成周八自（師），……」

　　〈小克鼎〉02798－802：王命譱（善）夫克舍（捨）令于成周，遹正
　　　八師之年。

「成自（師）」見於中期前段的〈競卣〉：

　　〈競卣〉05425：隹（唯）白（伯）屖父昌（以）成自既東，命戍南尸
　　　（夷）。正月既生霸辛丑才（在）鄭。

傳世古籍常見對於「六師」（「六軍」）的記載，而「八師」則未見，下面引幾則具有代表性的文獻，記載「六師」的如：

　　《尚書·顧命》：張皇六師，無壞我高祖寡命。

　　《詩·小雅·瞻彼洛矣》：韎韐有奭，以作六師。

　　《詩·大雅·棫樸》：周王于邁，六師及之。

　　《詩·大雅·常武》：整我六師，以修我戎。

　　《穀梁傳·襄公十一年》：古者天子六師，諸侯一軍。

　　《呂氏春秋·仲夏紀》：武王即位，以六師伐殷，六師未至，以銳兵
　　克之於牧野。

　　《初學記》卷七〈漢水〉引《竹書紀年》：喪六師于漢。

記載「六軍」的如：

《左傳·襄公十四年》：周爲六軍，諸侯之大者，三軍可也。

《周禮·夏官》：王六軍，大國三軍，次國二軍，小國一軍。

《周禮·夏官》：大喪，作士掌事，作六軍之士執披。

由銅器銘文和古籍互參，「六𠂤（師）」爲周人心目中的傳統王師，自周人建國即以六師爲制度，據有天下後，在東方（殷故地、成周）另有設立軍隊，所以才在六𠂤前加上「西」字，又常簡稱六𠂤，而東方的軍隊則簡稱爲八𠂤。

六𠂤和八𠂤爲西周中央的主力軍隊，因此負責管理六𠂤和八𠂤的官員，就值得探究，目前可見五例記載授職管理六𠂤或八𠂤的冊命銘文：

編　號	器　名	賞　賜　物	官　嗣	時代
06013	盠方尊	赤市幽亢攸勒	嗣六𠂤王行參有嗣＝土嗣馬嗣工、觵嗣六𠂤眔八𠂤埶	B
09728	曶壺蓋	叀鄹一𠧧玄袞衣赤市幽黃赤舄攸勒繻旂	乍冢嗣土于成周八𠂤	B
10169	呂服余盤	赤市幽黃鋚勒旂	嗣六𠂤服	B
02805	南宮柳鼎	赤市幽黃攸勒	嗣六𠂤牧陽大□嗣羲夷陽佃史	C
N199701	鞶伯慶鼎	焂戒賚弨狄雁虎裘豹裘	政于六𠂤	C

由賞賜物來考察，很明確的可以得出「赤市幽黃」是嗣六𠂤的命服，這一點對西周軍制與冊命賞賜物的研究是很有意義的，赤市幽黃是很高的等級，次於朱市恖黃，與赤市朱黃的層級大致相埒。

由以上的討論，師可能可以分爲六個等級，嗣土和走馬則可分爲四個等級。〔註117〕又嗣六𠂤或八𠂤者授予「赤市幽黃」，是值得重視的現象。

最後，必須一再強調的是：僅以職官名來判斷身分是不夠全面的，還應考慮職務，參考爵位與賞賜物。

第三節　身分的等級

西周王朝以封建爲其政府架構的基本精神，形成外服、內服的各級封國采邑，王朝以周天子爲中心、以侯伯爲公卿輔政、各級貴族任事的龐大政府，

〔註117〕等級的劃分一方面受限於材料多寡，所以僅能就所見擬測。另一方面也和該職類的人數眾寡、規模大小有關。

外服是以侯爲中心、大夫輔政的分封政權，爲了統治與政治的實際運作需要，貴族階層、職官系統必然得分級，於是就有了天子、諸侯、大夫、士的架構，而諸侯再分出公卿與侯伯兩個主要層級，大夫又因尊尊親親而有不同的身分層級，於是一個等級的身分制度形成，分級的要素是在宗族的基礎上，以爵位和職官爲兩個標準，配以職嗣、服儀、車馬、宮室……以彰顯。爵位的繼承和世官世祿對於身分而言是更爲實質的內涵。

王貴民先生對於西周政權和政區有很精闢的看法：

> 商周兩朝的政權系統相同，都可分爲王朝——侯伯封國——一般族邑這麼三級，亦可稱最高政權——中層政權——基層政權。〔註118〕

> 西周的政區，可從兩方面來看：粗分爲三級圈層，即從中心區逐次向周邊擴展，分爲中（中國、土中）、四國和四方（四土）；細分爲五服區，即侯、甸、男、衛、采，一般說也是從內到外，而實際是一種從上至下的等次，服區之間犬牙交錯。〔註119〕

> 王朝以首都地區爲「中」，「土中」（即中土），又稱「中國」。……在周人心目中，洛邑是天下之中，周時它還與豐、鎬一起是王畿之區。……王畿而外的封國和凡能聯繫控制的方國，均稱爲「四國」，意爲四方之國，多見《尚書》和《詩經》中，金文如㝬鐘銘文：「㽙保四或（國）」……「四國」之外是「四土」、「四方」，《詩經·大雅·崧高》：「四國于蕃，四方于宣。」即把兩者相對而言。「四方」指周邊的地區，相當于商代所稱的「方」、「多方」……「四國」這一範圍內都爲王朝直接封建的諸侯，多有宗親或婚姻關係，是王朝的屏障。「四土」這一範圍則是當時的方國部落，名義上與王朝有隸屬關係，但和、戰不定，比「四國」要疏遠的多。〔註120〕

王貴民先生的說法很能代表當前的研究成果，由銅器銘文來看，西周外服以侯、甸、男爲主，至於衛，還可再注意，采則見於〈靜方鼎〉和〈趞尊〉等器銘。

杜正勝先生對周代封建和世官的關係做了探究，追溯其根源與封建的本質：

> 周人僻處西陲，一旦統有廣大土地和眾多人民，因循氏族共產之習，

〔註118〕王貴民：《商周制度考信》（台北：明文書局，1989年12月），頁101。

〔註119〕王貴民：《商西周文化志》中華文化通典第一典（上海：上海人民出版社，1998年10月），頁253。

〔註120〕同上註，頁253～254。

「封建」武裝殖民者，「邑別」（周本紀）以「分治」，其行政構亦脫
胎於氏族酋長與元老之舊制，由貴族世代執政，謂之「世官」。〔註121〕
職守身分的傳遞，禮法上由「再封」的禮儀予以承認。原來貴族的
職官是周王授予的，授受雙方有一方改變時，又須舉行一次授職典
禮，可以稱爲「再封」。〔註122〕

不論宗周王室或各邦諸侯，周代封建的重要朝臣既非如後世的官
僚，也不是親信小臣，而是貴族，以貴族輔政。他們在政治上幾乎
世代掌守世襲的職官，形成所謂的「世卿」（《公羊傳》隱三、宣十），
或稱作「嗣卿」（《左傳》成十三），在經濟和社會方面則擁有世襲的
采邑和采邑上的領民，即是「世祿」（《左傳》襄二十四）。由於個人
和周王或諸侯的親疏利權派而已。除非有特殊的變異，貴族的世官
世祿當不會遭到褫奪或剝削，所以説：「保姓受氏，以守宗祊，世不
絕祀，無國無之。」（《左傳》襄二十四）〔註123〕

西周是制度經因襲（殷禮）到創建、落實、修改，漸漸形成周人的制度，也
可稱爲周禮，西周的傳世資料有限，於是出土的銘文，就成爲第一手的資料。
在此，由本章第一節和第二節的研究基礎，將冊命銘文中的受賜人，就爵位
和職嗣，以表格呈獻對其尊卑的擬測。

此表分爲周王冊命賞賜和非周王冊命賞賜兩部分，爵位以「公」、「医」、
「白」、「大夫」分類，公指王之卿事，由內服之白或外服之医擔任，表中「公」
甚少，依理而言，公的地位最高，所鑄器不應太少，一個周王可任的公（卿
事）可有多位，所以公的人數當不會如表所列的那麼少，可能的理由是不易
被區分出來。再來還有一個問題要說明，公可不可能由內服的大夫升任，這
一點就等級的意義上，是不太可能的，因爲大夫在諸侯之下，傳世古籍有「王
之大夫」相當於「伯」（《孟子·萬章下》）或「子男」（《禮記·王制》），這可
理解爲周王室之列臣在爵位等級上相當於諸侯。本表中所列諸器，或因銘文
中未提到有授土或受賜者的爵稱，以致於在判定會列爲大夫，誤判的現象是
可能存在的。此表的爵位擬測上是將不能斷定爲諸侯的都列爲大夫，這是本

〔註121〕杜正勝：《周代城邦》（台北：聯經出版事業公司，1979 年 1 月），頁 93。
〔註122〕同上註，頁 97。
〔註123〕杜正勝：《古代社會與國家》（台北：允晨文化實業股份有限公司，1992 年 10
月），頁 420。

文研究上不得不然的限制，因爲在受賜者的身分認定受限於銅器銘文內容，本文的擬測目的在爲此一專題提出可供學界參考的意見，將來若能於此有所突破，必然可以再修正。或許有人會提出表中爲何沒有士這個階層的疑問，本文認爲士做爲等級階層來看，是很低的（銘文士昬的士非爵），士這一級的冊命可能不由周天子親自主持，所以在表中，將職嗣不高的都列爲大夫，（當然不排除有可能是士而被誤判爲大夫），又表中凡加「？」者表示「不肯定而有可能」之意。

●周王冊命部分

集成序號	器名	賞　賜　物	擬測爵位	職嗣	時代
06016	矢令方尊	（眀傛）尹三事三方受卿事寮	（眀保）公	尹三事三方受卿事寮	A
04251-252	大師盧毀	虎裘	公	大師	B
06013	桼方尊	赤市幽亢攸勒	公	嗣六自土行參有嗣＝上嗣馬嗣工、嗣六自眾八自埶	B
02841	毛公鼎	取𧥝卅守、蠶邑一卣嗣圭𤱿寶朱市悤黃玉環玉瑹金車夆緟較朱鬲㫃斳虎冟熏裏右厄畫轉畫輯金甬錯衡金踵金豙約[圅]金簟弼魚葡馬三匹攸勒金巤金雁朱旂二鈴	公	尹卿事寮大史寮、嗣公族雩參有嗣小子師氏虎臣	C
04326	番生毀蓋	取𧥝廿守、朱市悤黃鞶鞈玉睘玉瑹車電軫夆緟較朱𩎺㫃斳虎冟熏裏造衡右厄畫轉畫輯金童金豙金簟弼魚蒲朱旂旜金芳二鈴	公	嗣公族卿事大史寮	C
04341	班毀	鈴鑾	公		B
09728	昬壺蓋	蠶邑一卣玄袞衣赤市幽黃赤舄攸勒絲旂	公？	乍冢嗣土于成周八自	B
04215	𩰥毀	尸臣十家	公？	嗣成周里人眾者侯大亞訊訟	C
04340	蔡毀	玄袞衣赤舄	公？	宰嗣王家、嗣定對各死嗣	C

				王家外內、嗣百工出入姜氏令	
06015	麥方尊	玄周戈、者刑臣二百家劑用王乘車馬金勒冂衣市舄	（井厌）厌		A
N199001	太保盠		厌	厌于匽旃羌馬叡雫馭敝克[圖]匽入土罙乎嗣	A
02837	大盂鼎	鬯一卣冂衣市舄車馬、乃且南公旃用獸、邦嗣三白人鬲自駿至于庶人六百又五十又九夫、夷嗣王臣十又三白人鬲千又五十夫遏[圖]遷自乎土	厌		A
04241	井厌殷	臣三品州人重人𩹽人	厌		A
04320	宜侯夨殷	鬱鬯一卣商瓹一□彤弓一彤矢百旅弓十旅矢千易土乎川三百□乎□百又廿乎宅邑卅又五□乎□百又卅易才宜王人□又七生易奠七白乎盧□又五十夫易宜庶人六百又□六夫	厌	A
02816	伯晨鼎	鬯鬯一卣玄袞衣幽夫赤舄駒車畫[圖]輇爻虎幃冟裏幽攸勒旅五旅彤彤旅弓旅矢[圖]戈皋冑	厌	BC
02785	中方鼎	褱人、褱土	白？		A
04302	彔伯夨殷蓋	釐鬯一卣金車奉𡇯較奉𩏠朱虢靳虎冟窹裏金甬畫輴金厄畫轉馬三匹鋚勒	白	BC
04257	弭伯師耤殷	玄衣黹屯鋚市金鈧赤舄戈琱威井沙攸勒織旂五日	白	師	C
N199701	夐伯慶鼎	焂戒賸弢狃雁虎裘豹裘用政于六𠂤用校于比用獄次	白	政于六𠂤	C
02819	褱鼎	玄衣黹屯赤市朱黃織旂攸勒戈琱威厚必彤沙	白？	C
02815	趩鼎	玄衣屯黹赤市朱黃織旂攸勒	白？	C

N199804	靜方鼎	𢼸旂市采霉	大夫	司才曾鄂自	A
05402	趞卣	采（赼）、貝五朋	大夫		A
10360	豐圓器		大夫	旋事皇辟君	A
02756	寓鼎		大夫	作冊	B
02781	庚季鼎	赤𢆶市玄衣黹屯絲旂	大夫	又右俗父嗣寇	B
02813	師𡧪父鼎	載市冋黃玄衣黹屯戈琱戚旂	大夫	師	B
02817	師晨鼎	赤舄	大夫	師、疋師俗嗣邑人隹小臣譱夫守□官犬眔奠人譱夫官守友	B
02820	善鼎	且旂	大夫	ナ疋橐庆監燮師戍	B
02838	曶鼎	赤𢆶市、赤金茻	大夫	嗣卜事	B
04288-291	師酉段	赤市朱黃中絲攸勒	大夫	㽦官邑人虎臣西門尸彔尸棄尸京尸夨身尸	B
04199-200	恆段蓋	絲旂	大夫	嗣直啚	B
04270-271	同段		大夫	左右吳大父嗣昜林吳牧	B
04283-284	師瘨段蓋	金勒	大夫	師、官嗣邑人師氏	B
04462-463	瘨盨	敥（般）斳虢敊攸勒	大夫	史	B
04196	師毛父段	赤市	大夫	師	B
04208	段段	大則	大夫		B
04240	免段	赤𢆶市	大夫	足周師嗣敾	B
04243	救段蓋	玄衣黹純旂三日	大夫	五邑守堰	B
04250	即段	赤市朱黃玄衣黹屯絲旂	大夫	嗣琱宮人虢旖	B
04266	趙段	赤市幽亢絲旂	大夫	戲白家嗣馬㽦官僕射士訊小大又隙取償五守	B
04267	申段蓋	赤市縈黃絲旂	大夫	疋大祝官嗣豐人眔九戲祝	B
04272	望段	赤𢆶市絲	大夫	死嗣畢王家	B
04276	豆閉段	戠衣𢆶市絲旂	大夫	嗣宓龢邦君嗣馬弓矢	B

04285	諫設		大夫	觏嗣王宥	B
04316	師虎設	赤舄	大夫	師、嗇官嗣ナ右戲緐荊	B
04626	免簠	哉衣緐	大夫	嗣土嗣奠還歔罘吳罘牧	B
05405	次卣	馬、裘	大夫	嗣田人	B
05418	免卣	載市同黃	大夫	嗣工	B
09723-724	十三年瘨壺	畫袅牙僰赤舄	大夫	史	B
09898	吳方彝蓋	鬯一卣玄袞衣赤舄金車䌶商朱虢斮虎冟熏裏䌶較畫轉金甬馬三匹鍪勒	大夫	乍冊、嗣旃罘叔金	B
10169	呂服余盤	赤市幽黃鍪勒旂	大夫	嗣六自服	B
10170	走馬休盤	玄衣黹屯赤市朱黃戈琱威彤沙厚必緐䜌	大夫	走馬	B
10322	永盂	畀田陰易洛彊罘師俗父田	大夫	師	B
N199601	虎設蓋	載市幽黃玄衣黹屯緐旂五日	大夫	足師戲嗣走馬駿人罘五邑走馬駿人	B
N199802	宰獸設	赤市幽亢攸勒	大夫	宰、觏嗣康宮王家臣妾夏葦外入	B
N198601-02	殷設	市朱黃	大夫	召嗣司東啚五邑	B
04343	牧設	鬯一卣金車䌶較畫轎朱虢商斮虎冟熏裏旂、☐三匹取☐守	大夫？	嗣士、辟百寮	B
02830	師𩛥鼎	玄袞黼屯赤市朱橫緐旂大師金雁攸勒	大夫？	師	B
00133-139	柞鐘	載朱黃緐	大夫	嗣五邑佃人事	C
02821-823	此鼎	玄衣黹屯赤市朱黃緐旂	大夫	旅邑人善夫	C
02790	微緐鼎		大夫	觏嗣九陂	C
02805	南宮柳鼎	赤市幽黃攸勒	大夫	嗣六自牧陽大☐嗣羲夷陽佃史	C
02814	無重鼎	玄衣黹屯戈琱威厚必丹沙攸勒緐旂	大夫	官嗣穆王遺側虎臣	C

02825	善夫山鼎	玄衣黹屯赤市朱黃鑾旂	大夫	官辭歆獻人于 寅用乍盧司寅	C
02827－829	頌鼎	玄衣黹屯赤市朱黃鑾旂攸勒	大夫	官辭成周寅廿 家監辭新寤寅 用宮御	C
02836	大克鼎	叔巿參回葶恖	大夫	膳夫	C
04184-187	公臣殷	馬乘鐘五金	大夫	辭百工	C
04246-249	楚殷	赤㡀市鑾旂取償五寽	大夫	辭葬鄙官內師 舟	C
04279-282	元年師旋殷	赤市同黃麗肇	大夫	師、備于大ナ 官辭豐還ナ又 師氏	C
04258-260	害殷	奉朱帶玄衣黹屯旂攸革、戈 琱䤾彤沙	大夫	官辭尸僕小射 底魚	C
04253-254	弭叔師寏殷	赤舄攸勒	大夫	弭白師	C
04274-275	元年師兌殷	旦巿五黃赤舄	大夫	師、疋師龢父 辭ナ右走馬五 邑走馬	C
04294-295	揚殷	赤㡀巿巿鑾旂訊訟取償五寽	大夫	乍辭工官辭量 田甸罘辭应罘 辭勠罘辭寇罘 辭工司	C
04296-297	鄧殷蓋	赤市同🔳黃鑾旂	大夫	乍邑祧五邑祝	C
04318-319	三年師兌殷	饗鬯一卣金車奉較朱虢㡆 斳虎冟熏裏右厄畫轉畫轎 金甬馬三匹攸勒	大夫	師、觀辭走馬	C
04324-325	師瘨殷	叔巿金黃赤舄攸勒	大夫	師、小輔鼓鐘	C
04197	卻智殷	戠衣赤㡀巿	大夫	辭土	C
04255	戜殷	戠玄衣赤㡀巿鑾旂、取償五 寽	大夫	乍辭土官辭耤 田、胥徒馬	C
04277	師幹殷蓋	赤巿朱黃旂	大夫	師、觀辭佳人	C
04286	輔師瘨殷	載巿素黃鑾腹 （曾命）玄衣黹屯赤巿朱黃 戈彤沙琱䤾旂五日	大夫	辭輔	C
04287	伊殷	赤巿幽黃鑾旂攸勒	大夫	觀官辭康宮王 臣妾百工	C
04312	師穎殷	赤巿朱黃鑾旂攸勒	大夫	師、辭土辭汸 闇	C

04321	訇殷	玄衣黹屯載市冋黃戈琱威厚必彤沙鑾旂鉴勒	大夫	啻官嗣邑人先虎臣後庸西門尸秦尸京尸彙尸師筝側新□鼻尸舁身尸馹人成周走亞戌秦人降人服尸	C
04342	師訇殷	🈳🈳一卣圭雘夷允三百人	大夫	師	C
04467-468 N199401	師克盨	🈳🈳一卣赤市五黃赤舄牙僰駒車桒較朱虢曺靳虎冟熏裏畫轉畫輅金甬朱旂馬三匹攸勒素鉞	大夫	師、嗣左右虎臣	C
N198701-03	逨鐘		大夫	嗣三方吳嶅	C
N199805	吳虎鼎	取吳莅舊彊付吳虎氒北彊窘人罘彊氒東彊官人罘彊氒南彊畢人罘彊氒西彊莽姜罘彊	大夫		C
N200313	逨盤	赤市幽黃攸勒	大夫	足爱兌嗣三方吳嶅用宮御	C
N200303-12	四十三年逨鼎	🈳🈳一卣玄袞衣赤舄駒車桒較朱虢曺靳虎冟熏裏畫轉畫輅金甬馬三匹攸勒	大夫	官嗣曆人	C

◎周王賞賜而未提及職嗣部分

集成序號	器　名	賞　賜　物	擬測爵位	時代
02783	七年趙曹鼎	載市冋黃縊	大夫	B
02804	利鼎	赤🈳市縊旂	大夫	B
04192-193	緯殷	縊旂	大夫	B
06516	趩觶	戠衣載市冋黃旂	大夫	B
04209-212	衛殷	赤市攸勒	大夫	B
04256	廿七年衛殷	載市朱黃縊	大夫	B
04268	王臣殷	朱黃桒親玄衣黹屯縊旂五日戈畫威厚必彤沙	大夫	B
02786	康鼎	幽黃鉴革	大夫	BC
04202	痶殷	赤市朱亢縊旂	大夫	C
04244	走殷	嗣足□、赤☒旂	大夫	C
04469	詈盨	🈳🈳一卣乃父市赤舄駒車桒較朱虢曺靳虎冟熏裏畫轉畫輅金甬馬三匹鉴勒	大夫	C

以上的爵位擬測乃依賞賜物推測，唯〈王臣毁〉與〈塱盨〉較特別，受賜全套車馬器者身分必然不會低於大夫，就算是大夫，可能也是等級至高的大夫，受賜全套車馬器而被本文擬測爲大夫的有以下幾件器：

1. 〈吳方彝蓋〉：吳爲「乍冊」。
2. 〈牧毁〉：牧爲「嗣土（辟百寮）」。
3. 〈三年師兌毁〉：師兌官職爲「師」，職嗣爲「䍙嗣走馬」。
4. 〈師克盨〉：師克的官職爲「師」，職嗣爲「䍙嗣ナ右虎臣」。
5. 〈四十三年逨鼎〉：逨的職嗣是「官嗣曆人」。

這些人物中，除了牧有可能是伯，而師克也有可能是伯（如弭師的身分是伯），其他人可能都是大夫，所以擬測「王臣」和「塱」爲大夫。

●非周王冊命賞賜

打「△」指爲內外服封國（邑）的重要大夫，可能就春秋所稱之卿，因爲西周諸侯國中是否有卿這個階層，猶可再探討，所以打符號標識。

集成序號	器　名	賞賜物	擬測爵位	職嗣	時代
02755	𥧍鼎		大夫	䍙嗣奠田	B
02765	𧍝鼎	乎且僕僕二家	大夫	事僕妊氏家	B
02789	𢦚方鼎	玄衣朱褻裣	大夫？		B
04327	卯毁蓋	嗣𢆶章四瑴宗彝一𢸚寶、馬十匹牛十、于乍一田、于宦一田、于隊一田、于戲一田	△大夫	（焚白臣屬） 嗣莽宮莽人	B
02638	㠱侯弟鼎		大夫	嗣戜	BC
00060-63	逆鐘	毌五鍚戈彤㞒	△大夫	用䍙于公室僕庸臣妾	C
04311	師訇毁	䍙嗣西扁東扁僕馭百工牧臣妾東裁內外、戈琱戟□必彤㞒毌五鍚鐘一磬五金	△大夫	白龢父家師、䍙嗣西扁東扁僕馭百工牧臣妾東裁內外	C

這幾件器的作器人多數爲諸侯（公、医、白）之臣，所以都擬爲大夫，唯一應說明的是〈𢦚方鼎〉的𢦚，該器銘文爲：

隹（唯）九月既望乙丑，才（在）

𡉚自，王𠊿姜吏（使）內史

友員易（錫）致玄衣朱襮

袺。致捧頴首，對覭（揚）王

冊姜休，用乍（作）寶鼎

隣鼎，其用夙（夙）夜亯（享）孝

于乎（厥）文且（祖）乙公，于文

妣（妣）日戊，其子＝孫＝永寶。

銘文中的王冊姜爲王后，此器於一九七五年陝西扶風出土〔註124〕，同組器有三鼎、二叚、一簠、二壺，銘文皆有器作名「致」，另有「白（伯）雒（雍）父」一盤及「龢父」一盉，因爲之前學界常將致和〈彔白致叚〉的作器人彔白致混爲一人，今已能別之，致的時代爲西周中期（穆王時代），而彔伯致時代在西周中晚期（晚期的可能性甚高）〔註125〕，因此不足以引〈彔伯致叚〉來說〈致方鼎〉。致的身分可能還是以擬爲大夫較宜。

〔註124〕羅西章、吳鎭烽、雒忠如：〈陝西扶風出土西周伯致諸器〉，《文物》1976：6。
〔註125〕參鄭憲仁：《周穆王時代銅器研究》（國立臺灣師範大學國文研究所碩士論文1999 年 6 月），306～324。

第五章 結 論

衰、冕、黻、珽，帶、裳、幅、舄，衡、紞、紘、綖，昭其度也。
藻、率、鞞、鞛，鞶、厲、游、纓，昭其數也。火、龍、黼、黻，
昭其文也。五色比象，昭其物也。錫、鸞、和、鈴，昭其聲也。三
辰旂旗，昭其明也。《左氏，桓公二年‧傳》

這是春秋時代魯國大夫臧哀伯昭示治道的一段言論，清楚地闡發器物與政事
的關係。禮是西周政事制度的核心，藉著禮，確立人與人之間的關係，舉凡
宗法、親疏、君臣無一不由禮規範，個人的身分在禮的架構中對應一個位置，
也展開人與物的關聯性。人的身分不同，對應的物也就不同。西周是一個人
和物有高度關聯性的時代，尤其賞賜制度更將這樣的關聯性彰顯出來。

一、非冊命賞賜

賞賜可分為冊命賞賜和非冊命賞賜，如果要談出身分和賞賜物的關聯
性，無疑得鎖定在冊命賞賜中來談，因為非冊命賞賜則為君主的臨時性施恩
或是事功之賞，賞賜物的隆豐因事功及周王的喜好而有不同，缺少成套現象
和身分代表性。非冊命賞賜物以貝、金、車馬、祭玉器為多。貝的賞賜又以
西周早期較為明顯。金的賞賜也以西周早期較多。其他的如服飾、臣僕、牲
畜等，種類繁多。

非冊命賞賜物，亦可包含服飾，如「𡌉市」（〈變段〉04046）、「玄衣」（〈敔
段〉04166「玄衣赤🔲」）、「冂衣」（〈復作父乙尊〉05978）等，這些賞賜的服
飾有的與命服無別，所以由賞賜服飾來判定是否為冊命賞賜是不足據的，因
為周王會因個人喜好賞賜，即使非冊命之典，亦可能賜與具有身分代表意味

的服飾。在賞賜物的種類中，服飾是較具有身分等級標示性的種類，服飾都可隨周王喜好而賜，其他種類如車馬、玉器、祭器、兵器更是如此。

二、冊命的本質

> 封建之世，一切土地，皆屬于天子，天子以之封諸侯，諸侯以之封卿大夫，而卿大夫以其一部賜其臣宰，爲其采邑。其封地也，皆經過一種極隆重之典禮。此種典禮，古謂之『錫命』。〔註1〕

冊命制度是西周政治運作的重要支柱，由此建構出君臣關係，舉凡分封諸侯國離不開冊命制度，建立職官系統離不開冊命制度，延續統治權也離不開冊命制度。冊命和封建、賜爵、授官是結合在一起的架構。經由冊命，身分能夠確立。身分落實在以等級爲特色的禮制中，於是有與身分等級配合的賞賜物。藉由賞賜物，今人得以對西周冊命制度有較具體的認識。

冊命的本質有著「確立君臣主從的關係」，許倬雲先生指出，這是一種「以策名委質來確定新主從屬關係」：

> 「委質爲臣」即是確定新主從關係的手續。周禮對於賓主雙方接受贄禮的形式極爲注重。平等的兩方互贈禮物，不外肯定友誼。策名委質，則相當於確定君臣的關係。〔註2〕

> 當然，西周的封建社會也有確立個人間主從關係的制度，是即委質爲臣的約束。因此，西周的封建制度，一方面有個人的承諾與約定，另一方面又有血族姻親關係加強其固定性。二者相合，遂有表現於彝器銘文的禮儀，禮儀背後，終究還是策名委質的個人關係。上對下有禮，下對上盡忠。史官讀命書，受命者受策。加之以賞賜，信之以瑞玉，正是爲了確定雙方的權利與義務。〔註3〕

冊命的儀式本身可以用西方學者亞伯納‧柯恩（Abner Cohen）「權威象徵的符號」加以詮釋：

> 一個政權的掌政儘管純靠軍事力量做後盾，然而它的穩定性和持續

〔註1〕 齊思和：〈周代錫命禮考〉，《中國史探研》（石家莊：河北教育出版社，2000年12月），頁99。

〔註2〕 許倬雲：《西周史》（增訂本）（北京：生活‧讀書‧新知三聯書店，1993年12月），頁169。

〔註3〕 同上註，頁176。

性主要還是靠表示權威的象徵符號……政權的穩定與延續是藉助於
一套相當複雜的象徵符號系統，這套象徵符號給予政權合法的地
位，把它看成自自然然是天下萬邦中的一部分。〔註4〕

周天子以冊命賦予諸侯、臣子政權的合法性，而在這樣具有威權象徵的儀式
中，周天子的共主地位也再次昭示。具有身分特徵的賞賜物也是一種象徵符
號，身著命服，身分自然表現出來。

三、世官制度與禮物文化

在授職緣由上，汪中文先生在前人的研究基礎上，歸納出七個現象：

時王於冊命臣工時，有七種狀況：（一）、單言王授予其職者。(二)、
時王命承襲其先祖舊職者。（三）、時王重申或遵照先王舊命者。
（四）、時王承先王舊命命襲祖考舊職者。（五）、時王既命而又再命
者。（六）、追述先祖舊勳勉勵效法先祖型儀。（七）、其它。〔註5〕

這七個現象中，第二項、第四項、第六項和世官制度有關，而第三項和第四
項則和君臣關係的再確認有關。

朱鳳瀚先生對於西周的世官制度有很深刻的詮釋：

西周器銘屢見諸王每每以王朝舊臣畢身服役于王家之典範，勉勵其
後代子孫，尤重用先王舊老臣之後，使世世繼其先祖考做王官，此
已成爲歷代王朝政治傳統。銘文習見王官在新、舊更替之際，或在
新王登基時，仍要由王以冊命形式加以法權上的認可，表明世官確
已制度化。由於先王能以不忘其舊臣之德，使其子孫世世食祿於王
朝，往往使先臣之後深有沐浴王恩之感，并因而感激涕零，矢志效
忠，故世官制度實爲王朝政治統治之重要保障。終西周之世，雖多
因外族入侵而有政治危機，而諸王朝卿士大臣犯上作亂之舉罕有發
生，難說與世官制度之基本穩定無關。〔註6〕

西周王朝所推行的與世官制相聯繫的封賜制度，是貴族家族存立的

〔註4〕　亞伯納‧柯恩（Abner Cohen）著，宋光宇譯，《權力結構與符號象徵》（臺北：
　　　　金楓出版社，1987年4月），頁46。

〔註5〕　汪中文：《西周冊命金文所見官制研究》（國立臺灣師範大學國文研究所博士
　　　　班，1989年6月），頁2。

〔註6〕　朱鳳瀚：《商周家庭形態研究》（天津：天津古籍出版社，1990年8月），頁
　　　　381。

基礎，并決定了其存在形態。〔註7〕

西周王朝政治統治機構的建立是以世族世官制爲基礎的，而世官制
又是貴族家族從王朝獲得土田民人的根據與依靠，基於這種政治上
相互依賴的關係。〔註8〕

周代的世官制度和冊命制度有著緊密而深刻的關係，周王室對世族的重視和
保障其世襲的世官地位，世族對周王室報以忠誠與擁戴，這是一種西方人類
學者牟斯（Marcel Mauss）所指出的「禮物」文化，牟斯認爲送禮和收禮都是
義務，回報是責任：

毛利風俗中由東西所造成的約束力，其實是人與人之間的束縛，因
爲東西本身就是人，或者屬於人。更進一步說，送東西給別人就等
於送自己的一部份給別人。〔註9〕

在全面性報稱的風俗中，不僅人人有回禮的義務，這個義務還蘊涵
兩個同等重要的暗示：人人有送禮的義務與收禮的義務。〔註10〕

我們可以發現一系列有關享用和回報的權利及責任，與有關饋贈與
接受的一連串權利與責任同時並存。〔註11〕

一個人沒有權利拒絕禮物或誇富宴。如果拒絕，就顯得是其在畏懼
回報，怠忽義務。這種事先自認失敗之舉會使他的名字「失去份量」。

〔註12〕

給的義務長久持續，一個人即使只是接受挑戰者的繼承人，他也要
承擔這份義務。未能送或收就像不能回報一樣都有失尊嚴。〔註13〕

周天子冊命封賞諸侯，對於諸侯而言這是「禮物」，周天子是「送禮的人」，
送禮的人有義務，不由如此的冊命封賞，則周天子難以維繫先王留下來的天
下與統治權的運作，整個西周的封建與世官的維繫和運作是周天子的義務，
而受到冊命封賞的人是收禮者，收禮的人有義務，這個義務是禮物的束縛，

〔註7〕 同上註，頁403。
〔註8〕 同上註，頁421。
〔註9〕 牟斯（Marcel Mauss）著，汪珍宜、何翠萍譯：《禮物：舊社會中交換的形式
與功能》（臺北：遠流出版事業股份有限公司，1989年7月），頁22。
〔註10〕 同上註，頁22～23。
〔註11〕 同上註，頁23。
〔註12〕 同上註，頁57。
〔註13〕 同上註，頁58。

收禮的人回報以對送禮人周天子的效忠與貢服。何翠萍女士在說明「禮物交換的本質」列了五點，其中前三項如下：

　　一、禮物的交換是一種欲建立、維持或改善關係的表示；

　　二、但關係的建立、維持或改善，或關係的品質，仍需視禮物交換的方式——給與、接受和回報的方式，及交換物的內容——質與量的比較來決定。

　　三、相對的，交換物的內容及交換的方式，也是視彼此對既存關係或欲建立之新關係的認識及期望而定。〔註14〕

藉由禮物（封土、授職、賞賜物），建立了送禮人（周天子）和收禮人（臣屬）的新關係（君臣主從）。

　　由冊命賞賜中的「新王對先王舊臣」及「新王增命其臣」的現象，建立起新王和新舊臣之間的關係，而這個冊命儀式一再地在周王朝的每位天子重演，也表現出對王室「權威」的再確認、「君臣主從關係」的再確認，西方社會學家亞伯納‧柯恩（Abner Cohen）說：

社會文化體系的穩定持久是要靠不斷重複的象徵活動，這些活動則是不斷的創造又再創造社會文化體系。表現權威的典禮必需定期的舉行，為的是要在面對那些具有破壞性的變遷時，肯定權威的存在和它的效能。〔註15〕

冊命典禮是一種象徵活動，更是表現權威的典禮，對西周的政治、社會、禮制產生了實際而具有鞏固領導的作用。

四、冊命制度的發展與世官制度

　　由西周初年的起步，到西周中期的發展，西周晚期職官制度已是斐然有秩，穆恭時期是冊命制度的重要發展階段，西周中晚期之交，定型化正成熟地在賞賜銘文的成套現象和陳述習慣中展現。宣王時還有振興王朝和彰顯王威的重大的冊命進行著。

　　西周中期，大分封的時代過去了，雖然分封仍持續著，但周王能掌握的土地資源受到限制，冊命多為畿內貴族，而所賜以服飾、車馬、鑾旂、兵器

〔註14〕同上註，〈導言〉，頁7。
〔註15〕亞伯納‧柯恩（Abner Cohen）著，宋光宇譯：《權力結構與符號象徵》（臺北：金楓出版社，1987年4月），頁197。

來顯示不同等級的身分，冊命賞賜制度也因時期的不同，而有不同的內涵。中期以後的冊命值得留意的是「世官」制度。

在冊命銘文中，周王冊命臣子為世官的例子很多，例如：

〈同𣪘〉04270-271「王命同差（左）右吳大父𤔲号（場）、林、吳（虞）、牧，自淲東至于河，𢏉（厥）逆至于玄水，世孫＝（孫孫）子＝（子子）左右吳大父，母（毋）女（汝）有閑（閒）」

周王要同「世孫孫子子」都輔助吳大父，冊命辭清楚地說明同的家族所任世官為輔助吳大父。

由賞賜銘文中，周王賜與臣子，其「且旂」（〈善鼎〉02820、〈大盂鼎〉02837）、「且市」（〈元年師兌𣪘〉04274-275）、及常見的嗣且考服與職𤔲，很清楚地可以看出世官制度是西周政治的主要特色是一。

五、周王亦冊命諸侯國重要職官

不僅是對於諸侯及王朝大夫，甚至對於諸侯國的職官，周天子也以冊命方式鞏固，如：

〈弭叔師察𣪘〉04253-254「王乎（呼）尹氏冊命師察：『易（錫）女（汝）赤舄、攸勒，用楚（胥）弭白（伯）』」

弭叔和弭白為同宗族，弭叔顯然是小宗，周天子冊命弭叔要他輔助弭白，弭叔的職𤔲是「師」，可能是周王朝的師，也同時具有弭白師的雙重身分。王冊命師察，授予的職𤔲是讓他在弭白的封國中任輔助的師，這是一則冊命諸侯國職官的例子。由此例子可以看出諸侯國的重要職官，周天子有時會加以主導。

六、冊命制度中的賞賜物

本文探索賞賜制度中的三個要素：賞賜物、受賜者身分、時代變化，簡單地說就是賞賜制度的「物」、「人」、「時」。本文的撰寫目的，乃冀望於由這些因素的關聯性，描繪出冊命制度的一些樣貌來，並說明西周冊命制度下物與人的關係在時間流轉中如何地變化。

冊命賞賜物主要為「服飾、車馬、鑾旂」而「兵器、祭器、玉器」也常在賞賜之列，這一類中「土田、臣民」之賜也有較多的實例。我們不難了解，「服飾、車馬、鑾旂」是最易表現身分層級的器物，「祭器（玉器）與兵器」是「祀與戎」的器物，也是與身分權勢有關的器物，土田與臣民則是最實質的財產。

就賞賜物的身分代表性而言，服飾、車馬、兵器、鑾旂是最明顯的四大類，若以能細分等級的作用而論，則服飾和鑾旂是最具標幟性的兩類，而服飾又爲首選。

就冊命賞賜物陳述次序的考察，可以大致得到一個常見賞賜物的次序排列：「玉器→服飾→車馬→鑾旂」。「兵器」較常接在「服飾」之後或「車馬」之後。由這樣的次序，不難理解在冊命賞賜物，已形成一套順序。

七、命服制度與等級

服飾包含了冕（冂）、衣、市、黃、舄，「衣、市和黃」又是其中的核心項目，衣的類別是首要的焦點，而市和黃則使等級層次更爲清晰，西周中期未見顯著的服飾的成套賞賜定式，到了西周晚期以「玄衣黹屯、赤市朱黃」的成套型式出現，這多少說明服飾制度在向等級化進行的過程。

賞賜服飾中，有些名目在學界有不同的看法，本文在前人的基礎上提出的看法如下：

◎冂冕之初文，禮冠專名。賞賜冂僅見於西周早期。

◎戠衣是指黃色或近於赤色的絲衣。

◎截市是緇色的市，又寫作𧝣市。

◎𢁴有三種：質材、紋樣、顏色。以紋樣的的可能性高。

◎黃和亢是一物，是市的繫帶，相當於漢代的綬。黃或亢字前所加的「朱」、「幽」、「悤」、「素」、「金」、「縈」皆爲顏色字，「冋」是指質材（麻）。

◎牙僰即「邪幅」。

◎鞞鞍爲刀室與配帶用的縫，也可能包括刀在內成爲一套。

由西周早期的「冂、衣、市、舄」到西周中期「衣、市・黃、舄」，賞賜服飾發展到以「衣和市」爲重心的現象，衣有「玄袞衣、玄衣、戠衣」，市以「赤市、赤𢁴市、截市」爲常，中期在衣市黃的配套上似乎還看不出固定的型式。西周晚期是「衣、市・黃」成套的現象，賜衣以「玄衣黹屯」實例最多，賜市黃以「赤市朱黃」、「赤市幽黃」、「截市朱黃」較爲常見。

目前可以肯定西周中期的市，是分爲三個等級的：「赤市」、「赤𢁴市」、「截市」。賞賜赤𢁴市的冊命銘文，都未配有黃的賞賜，這是一個很特別的現象，或許是實例有限，也有可能是賞賜制度的慣例，今後仍應持繼觀察。

　　就整個西周的冊命賞賜來看，西周早期著重土田及臣隸，而西周中期與晚期重視服飾和車馬。「冂」只見於西周早期冊命銘文，在西周中期和晚期的銅器銘文中皆未提及。服飾方面，西周中期開始註明類別。衣的部分：「玄衣」有不同的類型，而西周晚期則較常為「玄衣黹屯」一類。就市而言，西周中期和晚期都有不少樣式，西周晚期見到的朱市與叔市目前未見於西周中期，而西周中期的幽市目前未見於西周晚期。西周晚期的黃有較多的類別，可能和西周晚期黃的身分識別作用增加有關。

　　如就賞賜物的尊卑來談，衣之次序為：「玄袞衣→玄衣→戠衣。」對於市，本文的觀察認為可以就實例分開中期和晚期來看：

　　西周中期：（朱市）→赤市、幽市→戠市→赤⊗市（⊗市）
　　西周晚期：朱市→赤市、幽市→赤⊗市（⊗市）→戠市
　　黃的等級是：「㡁黃→幽黃、朱黃→同黃、素黃」

　　於是，將各個服飾部件綜來起來，可以得出一個次序來：

衣	市	黃	出現時代
（玄袞衣）	朱市	㡁黃	C
玄袞衣	幽市		B（封侯）
玄袞衣	赤市	幽黃	B（王官）
玄袞黹屯	赤市	朱黃	B
玄衣黹屯	赤市	朱黃	BC
玄衣黹屯	戠市	同黃	B
戠衣	赤⊗市		C
戠衣	戠市	同黃	C

八、冊命與車馬器

　　西周的車馬器（尤其車器）在中期和晚期的冊命賞賜銘文中有更多的記載，細目增加不少，這可能是車馬器在身分的識別功能受到重視有關，晚期車馬器的重要性比起中期更為增強。就車馬器陳述順序而言，西周中晚期之際尚未成型。至西周晚期已經形成並且以「奉較、朱虢高鞃、虎𠧧熏裏、畫轉、畫轎、金甬、馬三匹、鉴勒」為序。

　　對於車馬器的名目，本文在前人的基礎上提出的看法是：

　　◎「奉㬱較、奉緟較」的奉字是指紋飾。㬱和緟是異名，緟即緶、幦，

和嶌（幬）是同類的東西。「莽嶌較」或「莽緙較」是指在較上所披的有紋飾的緙或幬。

◎圅（团）即是軧，車軧。

◎靳即是靳，皮質做的繫馬和車輿的帶子。靳由輿底的桄向前至驂馬，所以出輿前延伸，位置和圅（軧）相當

◎西周中期以賜「莽圅」爲常，而在西周晚期即都賜「朱虢圅」或「朱𧗭圅」了。

◎冟即冪幠，冟或寫作幦、裳。虎冟即淺幭；銘文中出現「冟」的記錄始見於西周中期，至晚期則已成固定語彙「虎冟熏裏」。

◎窠裏爲賜外族有爵於周王室的首領，熏裏主賜周臣。

◎金甬考古報告習稱爲鸞鈴或鸞，器常置於衡或軶上。

對於車馬器的尊卑，可以肯定的次序是「莽緙較＋虎冟熏裏→莽較＋虎冟熏裏」。「朱𧗭圅靳」的層級高於「朱虢圅靳」。若有「錯衡、金踵、金豙、金簟弨、魚箙」等成套車馬器者身分更尊。

九、冊命制度中的兵器

自中期始，銘文中開始提到「戈畫祓厚必彤沙」的賞賜，這是戈的標準樣式。

「戈琱祓𢻻必彤屎」的「祓」即「內」，琱祓即指戈之內有琱飾。「𢻻必」即是「緱柲」，即有絲繩纏繞以供把握之柲（欑、杖、柄）。「彤屎」即「紅綏」，戈內的後端所繫著的裝飾物。

金簟弨是學界在兵器考釋中爭議最大的項目，本文認爲金簟弨是銅做的弓形器，用來輔助弓。

在弓矢的研究上，本文結合傳世古籍和銅器銘文，肯定「彤弓彤矢」與「旅弓旅矢」是僅賜於諸侯身分的賞賜物，而且僅用於冊命賞賜。因此「彤弓彤矢」、「旅弓旅矢」是兵器類中最有清楚身分代表性可言的賞賜物。

旅弓旅矢的旅字文獻中或用後造本字「旘」，在銅器銘文中皆用「旅」字。

十、冊命制度中的鑾旂

一同賞賜的各物中，服飾和鑾旂關聯性最大，這也說明服飾和鑾旂的身分代表性最爲明確。

在鑾旂方面，西周晚期對於旂的陳述多了「朱旂」，並對加「鈴」更爲重視。在本文的討論過程中，鑾旂是分有等級的，但是似乎沒有衣飾來得清晰可辨。

在鑾旂類的各種樣式，得出一個尊卑次序：

一級		二級			三級
朱旂		旂			緣
朱旂二鈴 朱旂膻金芳二鈴	朱旂	緣旂五日 旂五日	旂四日	緣旗	緣

十一、成套之服

銅器銘文和傳世古籍的記載中還有值得留意的現象：《左傳》僖公二十八年載晉文公受賜：「賜之大輅之服、戎輅之服，彤弓一，彤矢百，玈弓矢千，秬鬯一卣、虎賁三百人。」又於襄公二十六年記載「鄭伯賞入陳之功。三月，甲寅朔，享子展，賜之先路三命之服，先八邑。賜子產次路再命之服，先六邑。」這兩條資料中有「大輅之服」、「戎輅之服」、「三命之服」、「再命之服」，這些名稱代表整套的賞賜，因此該詞之後不加記個別細目。「服」表示一整套的服儀，也代表職掌、奉祿、封賞、權勢，更是身分的表徵，這一現象證明了賞賜物和身分的緊密相關性。在各類的賞賜物中，最足以代表身分的正是「服飾」，《左傳》記載臧哀伯所說的「袞、冕、黻、珽，帶、裳、幅、舄，衡、紞、紘、綖，昭其度也。」就是服飾等級的精神。以服飾做爲身分等級的表徵成爲我國職官系統的傳統，延續到明清，如官服的顏色和補子，都有明確的規定。

十二、褒榮之賜

有些賞賜有特別褒榮的意味，如〈大毀〉04165 提到周王賞賜大芻羋，並對大說「㗱（禘）於乃考」，這是褒榮之賜，雖然賞賜物只有芻羋，但是王令大禘祭其父考，對於大而言這正是一大光榮。又如〈麥方尊〉06015 提到井庆受王賞賜，其中有「用王乘車馬」一項，這也是特有的褒榮，王賜井庆得用屬於王的等級的車馬，對於井庆而言這當然是王恩厚賜。〈師訊鼎〉02830 提到他受賜「大師金雁」一物，特別強調「大師」二字，其褒榮之意甚明。再

如〈御正衛設〉04044 提到白懋父賞賜他「馬匹自王」，特意地突顯出「自王」
二字，足見此馬匹是何等的尊貴，能得到這樣的賞賜，是值得感到光榮的。
以上所舉的現象，是賞賜制度中的少數特例，王恩榮耀更爲彰顯。

十三、冊命制度中的身分

　　西周的爵位和職官是探討身分的兩大課題，在爵位上，主要是「諸侯→
大夫→士」的分級現象，而其中諸侯這一階層是最複雜的，基本上可分成內
服和外服：外服的諸侯有較大的封地（國），他們以稱「侯」爲常（〈夨令方
尊〉06016，載諸侯包括：庆、田〔甸〕、男，是西周本身外服諸侯也有不同
的稱呼），而內服諸侯以稱「伯」爲常。侯或伯若在王朝任卿事則爲公爵，其
地位最爲尊榮，〈夨令方尊〉銘文中的明僷、〈毛公鼎〉的器主毛公厝與〈番
生設〉的器主番生，都是周土卿事，爵位爲公的代表性人物。本文以表格來
顯示這樣的階級等次：

層　級	細分層級	性　質
諸侯	公	王官之長：卿事
	侯伯	內服與外服
大夫		
士		

　　諸侯以下有爲數龐大的大夫，他們是冊命制度中主要的受賜者，也是政
事的重要執行者。大夫依其才能和職嗣有不同的等級，只是不太能由官名中
得出一個固定的標準來，因爲每個官職都可能存在不同的等級。

　　在職官系統上，本文對於學界將西周早期分立卿事寮和太史寮的說法，
持保留的態度。西周早期史官或許也屬於卿事寮的概念中。西周早期的職官
集團可能還沒有龐大到明確分出卿事寮和太史寮。另一種可能是卿事寮是職
官的通稱，史事爲一字之分化，西周早期的卿事寮包含史官，並非不可能。

　　本文認爲西周的職官系統是一個由卿事（公）領導的架構，卿事的人數
可能在一到六位，西周的職官系統也決非二分，西周晚期卿事寮和太史寮是
較大的二系，此外可能還有公族。

　　在探討西周的職官過程，很容易發現一個官名，其職嗣常負責幾類職事，
而這些職事不見得是相類似或同類的，並且常有兼攝職務，雖有職官定制，

卻又充滿人治色彩。

在判斷身分等級上，若僅依職官名爲據，是不夠全面的，還應考慮職務，參考爵位與賞賜物。每個職官可能有不同的等級，本文的研究認爲：師可能可以分爲六個等級，嗣土和走馬則可分爲四個等級。

在本文第四章，對於爵位、職官和賞賜物做了聯繫的嘗試，證實賞賜物和受賜者的身分有對應的關係，如嗣六自或八自者授予「赤市幽黃」。

十四、研究展望

關於本論文研究的重點：「冊命銘文」、「賞賜物」、「身分」，有幾點可以做爲後續關注的：

其一：賞賜常有超乎受賜者身分的賜予，目前受限於金文材料，學界的研究多關注於建立賞賜制度的規律（常例），而對於何者屬於特例，仍缺有判定的準則，所以在西周賞賜的研究上寬度仍顯不足，這是未來仍可以再留心的。

其二：西周職官的研究自張亞初與劉雨兩位先生合著的《西周金文官制研究》之後，就不再有全面探究的專著問世，除了汪中文先生對冊命金文的官制做過專題研究，學界只有各別單篇的期刊論文發表，當前西周的職官仍停留在《西周金文官制研究》所建立的體系，這十多年來新出的銅器銘文，及學界的研究，是否可對西周官制的體系再做擬測，也是值得努力的。

其三：身分的研究可以在家族、宗族的關係上多加留意，並結合考古學界對各墓葬、窖藏的發掘成果，持續關注可用以證實出土文物與身分、禮制之間的材料，提高冊命制度、世官制度、古器物學……等方面的研究。在整理考古資料上，尤應分地域、封國個別整理，就以用鼎制度爲例，本文認爲應限定在同一地區，來整理分析，較能對數量與身分等級得出關係來。

主要參考書目

　　此書目分為四個部分，第一個部分為「圖錄、文字編及工具書」；第二個部分是「傳統古籍及相關注疏」；第三個部分是「民國以後專書及學位論文」；第四個部分為「期刊論文及論文集論文」。除第二部分依四部分類法，其餘部分依撰者姓名排列。

一、圖錄、文字編及工具書

1. 上海博物館，《商周青銅器紋飾》，北京：文物出版社。
2. 于省吾主編，《甲骨文字詁林》，北京：中華書局。
3. 中國社會科學院考古研究所，《殷周金文集成》，北京：中華書局。
4. 中國社會科學院考古研究所，《殷周金文集成釋文》，香港：香港中文大學中國文化研究所。
5. 中國社會科學院歷史研究所，《甲骨文合集》，北京：中華書局。
6. 方濬益，《綴遺齋彝器款識考釋》，臺北：台聯國風出版社。
7. 王俅，《嘯堂集古錄》，北京：中華書局。
8. 左言東，《先秦職官表》，北京：商務印書館。
9. 吳大澂，《愙齋集古錄》，臺北：台聯國風出版社。
10. 吳式芬，《攈古錄金文》，臺北：樂天出版社。
11. 吳鎮烽，《金文人名匯編》，北京：中華書局。
12. 吳鎮烽，《陝西金文匯編》，西安：三秦出版社。
13. 吳闓生，《吉金文錄（彝銘會釋）》，臺北：樂天出版社。

14. 李學勤、艾蘭，《歐洲所藏中國青銅器遺珠》，北京：文物出版社。

15. 阮元，《積古齋鐘鼎款識》，臺北：台聯國風出版社。

16. 周何總編，《青銅器銘文檢索》，臺北：文史哲出版社。

17. 周法高主編，《金文詁林》，香港：香港中文大學出版社。

18. 周法高主編，《金文詁林補》，臺北：中央研究院歷史語言研究所。

19. 姚孝遂主編，《殷墟甲骨刻辭類纂》，北京：中華書局。

20. 故宮博物院，《故宮青銅器》，北京：紫禁城出版社。

21. 唐復年，《西周青銅器銘文分代史徵器影集》，北京：中華書局。

22. 孫稚雛，《金文著錄簡目》，北京：中華書局。

23. 容庚，《金文編（五版）》，北京：中華書局。

24. 徐天進主編，《吉金鑄國史——周原出土西周青銅器精粹》，北京：文物出版社。

25. 浦野俊則，《近出殷周金文集成》，日本‧東京：二松學社大學東洋學研究所。

26. 馬承源主編，《中國文物精華大全‧青銅器卷》，臺北：臺灣商務印書館。

27. 高亨，《古字通假會典》，濟南：齊魯書社。

28. 高明，《古文字類編》，北京：中華書局。

29. 張世超等，《金文形義通解》，日本‧京都：中文出版社。

30. 張亞初，《殷周金文集成引得》，北京：中華書局。

31. 陳初生，《金文常用字典》，西安：陝西人民出版社。

32. 陳漢平，《金文編訂補》，北京：中國社會科學出版社。

33. 華東師範大學中國文字研究與應用中心，《金文引得》，南寧：廣西教育出版社。

34. 董蓮池，《金文編校補》，長春：東北師範大學出版社。

35. 劉雨，《近出殷周金文集錄》，北京：中華書局。

36. 編輯委員會，《中國青銅器全集》，北京：文物出版社。

37. 編輯委員會，《保利藏金》，深圳：嶺南美術出版社。

38. 錢玄、錢興奇，《三禮辭典》，南京：江蘇古籍出版社。

39. 薛尚功，《歷代鐘鼎彝器款識法帖》，北京：中華書局。

40. 鍾柏生、陳昭容、黃銘崇、袁國華，《新收殷周青銅器銘文暨器影彙編》，臺北：藝文印書館。

41. 羅振玉，《三代吉金文存》，北京：中華書局。

42. 嚴一萍，《金文總集》，臺北：藝文印書館。

二、傳統古籍及相關注疏

◎經

1. 《周易》（十三經注疏本），臺北：藝文印書館
2. 《尚書》（十三經注疏本），臺北：藝文印書館
3. 《尚書釋義》，屈萬里，臺北：中國文化大學出版部
4. 《詩經》（十三經注疏本），臺北：藝文印書館
5. 《毛詩會箋》，竹添光鴻，臺北：國華出版社
6. 《詩集傳》，朱熹，臺北：萬卷樓圖書出版公司
7. 《詩經注析》，程俊英、蔣見元，北京：中華書局
8. 《左傳》（十三經注疏本），臺北：藝文印書館
9. 《左傳會箋》，竹添光源，臺北：鳳凰出版社
10. 《春秋左傳正義》，浦衛忠等（十三經注疏整理工作委員會），臺北：臺灣古籍出版有限公司。
11. 《左傳譯注》，李夢生，上海：上海古籍出版社
12. 《公羊傳》（十三經注疏本），臺北：藝文印書館
13. 《穀梁傳》（十三經注疏本），臺北：藝文印書館
14. 《周禮》（十三經注疏本），臺北：藝文印書館
15. 《周禮正義》，孫詒讓，臺北：藝文印書館
16. 《儀禮》（十三經注疏本），臺北：藝文印書館
17. 《禮記》（十三經注疏本），臺北：藝文印書館
18. 《禮記集解》，孫希旦，臺北：文史哲出版社
19. 《孟子》（十三經注疏本），臺北：藝文印書館
20. 《爾雅》（十三經注疏本），臺北：藝文印書館
21. 《說文解字》，許慎撰、段玉裁注，臺北：天工出版社

◎史

1. 《史記》，司馬遷，臺北：鼎文書局
2. 《史記會注考證》，瀧川龜太郎，臺北：宏業出版社
3. 《國語》，韋昭注，臺北：里仁書局
4. 《逸周書集訓校釋》，朱右曾，臺北：臺灣商務印書館
5. 《繹史》，馬驌，上海：上海古籍出版社
6. 《古本竹書紀年輯校》，朱右曾輯錄、王國維疏證，臺北：廣文書局
7. 《今本竹書紀年疏證》，王國維疏證，臺北：廣文書局

8. 《竹書紀年義證》，雷學淇，臺北：藝文印書館

◎子

1. 《荀子集釋》，王先謙，臺北：藝文印書館
2. 《新序》（四庫全書本），劉向，臺北：臺灣商務印書館

◎集

1. 《籀廎述林》，孫詒讓，臺北：藝文印書館

三、民國以後專書及學位論文

1. 丁山，《商周史料考證》，北京：中華書局，1988 年。
2. 上海博物館，《認識古代青銅器》，臺北：藝術家圖書公司，1995 年。
3. 上海博物館，《晉侯墓地出土青銅器國際學術研討會論文集》，上海：上海書畫出版社，2002 年。
4. 于豪亮，《于豪亮學術文存》，北京：中華書局，1985 年。
5. 中央研究院歷史語言研究所，《上古史待定稿》，臺北：中央研究院歷史語言研究所，1985 年。
6. 中國社會科學院考古研究所，《新中國的考古收獲》，北京：文物出版社，1961 年。
7. 中國社會科學院考古研究所，《新中國的考古發現和研究》，北京：文物出版社，1984 年。
8. 尹盛平，《西周微氏家族青銅器群研究》，北京：文物出版社，1992 年。
9. 文物出版社，《新中國考古五十年》，北京：文物出版社，1999 年。
10. 文物局文獻室，《出土文獻研究》，北京：文物出版社，1985 年。
11. 文物局文獻室，《出土文獻研究續集》，北京：文物出版社，1989 年。
12. 方麗娜，《西周金文虛詞研究》，臺北：國立臺灣師範大學國文研究所碩士論文，1985 年。
13. 王文昶等三人，《銅器辨偽淺說》，北京：文物出版社，1991 年。
14. 王永誠，《周代彝器五鼎考》，臺北：文史哲出版社，1974 年。
15. 王玉哲，《中華遠古史》，上海：上海人民出版社，2000 年。
16. 王國維，《王國維先生全集初編》，臺北：大通書局，1976 年。
17. 王國維，《定本觀堂集林》，臺北：世界書局，1991 年。
18. 王國維，《古史新證——王國維最後的講義》，北京：清華大學出版社，1996 年。
19. 王貴民，《商周制度考信》，臺北：明文書局，1989 年。

20. 王暉，《商周文化比較研究》，北京：人民出版社，2000 年。

21. 北京大學歷史系，《商周考古》，北京：文物出版社，1979 年。

22. 北京市考古所，《北京考古四十年》，北京：北京燕山出版社，1990 年。

23. 白川靜，《金文通釋》，日本：白鶴美術館，1966 年。

24. 白川靜，《金文的世界——殷周社會史》，臺北：聯經出版社，1989 年。

25. 印群，《黃河中下游地區的東周墓葬制度》，北京：社會科學文獻出版社，2001 年。

26. 安金槐，《中國考古》，上海：上海古籍出版社，1992 年。

27. 朱文瑋、呂琪昌，《先秦樂鐘之研究》，臺北：南天書局，1997 年。

28. 朱鳳瀚，《商周家族形態研究》，天津：天津古籍出版社，1990 年。

29. 朱鳳瀚，《古代中國青銅器》，天津：南開大學出版社，1995 年。

30. 江淑惠，《郭沫若之金石文字學研究》，臺北：華正書局，1992 年。

31. 牟斯（Marcel Mauss）著、汪珍宜、何翠萍譯，《禮物：舊社會中交換的形式與功能》，臺北：遠流出版事業股份有限公司，1989 年。

32. 吳榮增，《先秦兩漢史研究》，北京：中華書局，1995 年。

33. 吳曉筠，《商周時期車馬埋葬研究》，北京：北京大學考古文博學院博士研究學位論文，2003 年。

34. 李友謀、孫英民，《中國考古學通論》，開封：河南大學，1992 年。

35. 李玉潔，《先秦喪葬制度研究》，鄭州：中州古籍出版社，1991 年。

36. 李先登，《商周青銅文化》，臺北：臺灣商務印書館，1994 年。

37. 李偉泰，《先秦史料所述上古史料研究》，國立臺灣大學中國文學研究所博士論文，1966 年。

38. 李學勤，《中國青銅器的奧祕》，臺北：谷風出版社，1987 年。

39. 李學勤，《李學勤集——追溯、考據、古文明》，哈爾濱：黑龍江教育出版社，1989 年。

40. 李學勤，《新出青銅器研究》，北京：文物出版社，1990 年。

41. 李學勤，《走出疑古時代》，瀋陽：遼寧大學出版社，1994 年。

42. 李學勤，《四海尋珍》，北京：清華大學出版社，1998 年。

43. 杜正勝，《周代城邦》，臺北：聯經出版事業公司，1979 年。

44. 杜正勝，《古代社會與國家》，臺北：允晨文化實業股份有限公司，1992 年。

45. 杜迺松，《中國古代青銅器簡說》，北京：書目文獻出版社，1989 年。

46. 杜迺松，《中國青銅器發展史》，北京：紫禁城出版社，1995 年。

47. 沈寶春，《商周金文錄遺考釋》，臺北：國立臺灣師範大學國文研究所碩士論文，1983 年。

48. 汪中文，《西周冊命金文所見官制研究》，臺北：國立臺灣師範大學國文研究所博士論文，1989 年。

49. 汪中文，《兩周官制論稿》，高雄：復文圖書出版社，1993 年。

50. 亞伯納‧柯恩（Abner Cohen）著、宋光宇譯，《權力結構與符號象徵》，臺北：金楓出版社，1987 年。

51. 周何，《春秋吉禮考辨》，臺北：國立臺灣師範大學國文研究所博士論文，1970 年。

52. 周聰俊，《饗禮考辨》，國立臺灣師範大學國文研究所博士論文，1988 年。

53. 季旭昇，《詩經古義新證》，臺北：文史哲出版社（北京:學苑出版社），1994 年。

54. 昌彼得，《中國目錄學資料選輯》，臺北：文史哲出版社，1972 年。

55. 林巳奈夫，《殷周時代青銅器的研究》，京都：吉川弘文館，1984 年。

56. 林澐，《林澐學術文集》，北京：中國大百科全書出版社，1998 年。

57. 松丸道雄編，《西周青銅器とその國家》，日本東京：東京大學出版會，1980 年。

58. 邵東方、倪德衛主編，《今本竹書紀年論集》，臺北：唐山出版社，2002 年。

59. 侯志義等，《西周金文選編》，西安：西北大學出版社，1990 年。

60. 洪家義，《金文選注繹》，南京：江蘇教育出版社，1988 年。

61. 唐蘭，《古文字學導論》，臺北：樂天出版社，1970 年。

62. 唐蘭（唐復年整理），《西周青銅器銘文分代史徵》，北京：中華書局，1986 年。

63. 唐蘭，《唐蘭先生金文論集》，北京：紫禁城出版社，1995 年。

64. 夏含夷，《溫故知新錄──商周文化管見》，臺北：稻禾出版社，1991 年。

65. 容庚，《商周彝器通考》，臺北：文史哲出版社，1985 年。

66. 容庚、張維持，《殷周青銅器通論》，臺北：康橋出版社，1986 年。

67. 徐中舒，《先秦史論稿》，成都：巴蜀書社，1992 年。

68. 秦永龍，《西周金文選注》，北京：北京大學出版社，1992 年。

69. 馬承源，《青銅禮器》，臺北：幼獅文化事業公司，1996 年。

70. 馬承源，《中國青銅器研究》，上海：上海古籍出版社，2002 年。

71. 馬承源主編，《商周青銅器銘文選》，北京：文物出版社，1986 年。

72. 馬承源主編，《中國青銅器》，上海：上海古籍出版社，1988 年。

73. 高明，《中國古文字學通論》，北京：文物出版社，1983 年。

74. 張之恆，《中國考古學通論》，南京：南京大學，1991 年。

75. 張光直，《中國青銅時代》，臺北：聯經出版社，1990 年。

76. 張光直，《中國青銅時代（第二集）》，臺北：聯經出版社，1990 年。

77. 張光裕，《偽作先秦彝器銘文疏要》，臺北：國立臺灣大學中國文學研究所博士論文，1974 年。

78. 張光裕，《雪齋學術論文集》，臺北：藝文印書館，1989 年。

79. 張亞初、劉雨，《西周金文官制研究》，北京：中華書局，1986 年。

80. 張舜徽，《鄭學叢書》，濟南：齊魯書社，1984 年。

81. 張懋鎔，《青銅器鑑賞》，桂林：漓江出版社，1993 年。

82. 梅原末治，《古銅器形態考古學的研究》，日本京都：同朋館，1940 年。

83. 許倬雲，《求古編》，臺北：聯經出版社，1982 年。

84. 許倬雲，《西周史（增訂本）》，北京：生活·讀書·新知三聯書店，1999 年。

85. 郭沫若，《兩周金文辭大系》，日本東京：文求堂書店；臺北：臺灣大通書局（修訂本），1932 年。

86. 郭沫若，《金文餘釋之餘》，北京：人民出版社，1952 年。

87. 郭沫若，《金文叢考》，北京：人民出版社；臺北：臺灣大通書局，1952 年。

88. 郭沫若，《殷周青銅器銘文研究》，北京：人民出版社，1954 年。

89. 郭沫若，《郭沫若全集：歷史編：青銅時代》，北京：人民出版社，1982 年。

90. 郭寶鈞，《山彪鎮與琉璃閣》，北京：科學出版社，1959 年。

91. 郭寶鈞，《商周青銅器群綜合研究》，北京：文物出版社，1981 年。

92. 郭寶鈞，《中國青銅器時代》，板橋：駱駝出版社，1987 年。

93. 陳全方，《周原與周文化》，上海：上海人民出版社，1988 年。

94. 陳邦懷，《嗣樸齋金文跋》，香港：吳多泰中國語文研究中心，1993 年。

95. 陳直，《文史考古論叢》，天津：天津古籍出版社，1988 年。

96. 陳溫菊，《詩經器物考釋》，臺北：文津出版社，2001 年。

97. 陳漢平，《西周冊命制度研究》，上海：學林出版社，1986 年。

98. 陳錦忠，《先秦史官制度的形成與演變》，臺北：國立臺灣大學歷史研究所博士論文，1980 年。

99. 陸景琳，《詩經服飾研究》，臺北：國立臺灣師範大學國文研究所碩士論文，2000 年。

100. 陶維極,《周文考》,臺北:國立臺灣師範大學國文研究所碩士論文,1985年。

101. 斯維至,《中國古代社會文化論稿》,臺北:允晨文化實業股份有限公司,1997年。

102. 黃然偉,《殷周青銅器賞賜銘文研究》,香港:龍門書局,1978年。

103. 楊寬,《西周史》,上海:上海人民出版社,1999年。

104. 楊樹達,《積微居小學論叢》,臺北:臺灣大通書局,1971年。

105. 楊樹達,《積微居金文說、甲文說》,臺北:臺灣大通書局,1974年。

106. 葉國良,《宋代金石學研究》,臺北:國立臺灣大學中國文學研究所博士論文,1982年。

107. 葉達雄,《西周政治史研究》,臺北:明文書局,1982年。

108. 葉驍軍,《中國墓葬歷史圖鑒》,蘭州:甘肅文化出版社,1994年。

109. 葉驍軍,《中國墓葬發展史》,蘭州:甘肅文化出版社,1994年。

110. 裘錫圭,《古文字論集》,北京:中華書局,1978年。

111. 裘錫圭,《文字學概要》,北京:商務印書館,1988年。

112. 裘錫圭,《文史叢稿——上古思想、民俗與古文字學史》,上海:上海遠東出版社,1996年。

113. 詹鄞鑫,《神靈與祭祀——中國傳統宗教綜論》,南京:江蘇古籍出版社,1992年。

114. 鄒衡,《夏商周考古論文集》,北京:文物出版社,1980年。

115. 蒙文通,《古族甄微》,成都:巴蜀書社,1993年。

116. 趙世超,《周代國野關係研究》,臺北:文津出版社,1993年。

117. 趙光賢,《古史考辨》,北京:北京師範大學出版社,1987年。

118. 趙誠,《二十世紀金文研究述要》,太原:書海出版社,2003年。

119. 齊文心、王貴民,《商西周文化志(中華文化通志:歷代文化沿革典:第一典)》,上海:上海人民出版社,1998年。

120. 齊思和,《中國史探研》,石家莊:河北教育出版社,2000年。

121. 劉雨,《乾隆四鑑綜理表》,北京:中華書局,1989年。

122. 劉起釪,《古史續辨》,北京:中國社會科學出版社,1991年。

123. 劉啟益,《西周紀年》,廣州:廣東教育出版社,2002年。

124. 劉敦愿,《美術考古與古代文明》,臺北:允晨出版社,1994年。

125. 劉翔等六人,《商周古文字讀本》,北京:語文出版社,1991年。

126. 劉節,《古史考存》,北京:人民出版社,1958年。

127. 編輯委員會，《周秦文化研究》，西安：陝西人民出版社，1998 年。

128. 鄭憲仁，《周穆王時代銅器研究》，臺北：國立臺灣師範大學國文研究所碩士論文，1999 年。

129. 錢玄，《三禮通釋》，南京：南京師大出版社，1996 年。

130. 羅振玉，《羅雪堂先生全集初編》，臺北：文華出版社，1968 年。

131. 譚旦冏，《銅器概述》，臺北：國立故宮博物院，1981 年。

四、期刊論文及論文集論文

1. 于省吾，從古文字學方面評判清代文字、聲韻、訓詁之學的得失，歷史研究 1962：5。

2. 于省吾，師克盨銘考釋書後，文物 1962：11。

3. 于省吾，略論西周金文中的「八自」和「八自」及其屯田制，考古 1964：3。

4. 于省吾，關於「論西周金文中六自八自和鄉遂制度的關係」一文的意見，考古，1965：3。

5. 才豪亮，陝西省扶風縣強家村出土虢季家族銅器銘文考釋，古文字研究第九輯，山西省文物局、中國古文字研究會、中華書局編輯部合編，北京：中華書局，1984 年 1 月。

6. 大西克也，論古文字資料中的「害」字及其讀音問題，古文字研究第二十四輯，中國古文字研究會、中山大學古文字研究所編，北京：中華書局，2002 年 7 月。

7. 中國社會科學院考古研究所澧西發掘隊，陝西長安張家坡 M170 號井叔墓發掘簡報，考古 1990：6。

8. 中國社會科學院考古研究所澧西隊，1987－1991 年陝西長安張家坡的發掘，考古 1994：10。

9. 王人聰，西周金文「嗇官」一詞釋義，故宮博物院院刊 1991：1。

10. 王人聰，西周金文中的殷八師與成周八師──讀金文札記，考古與文物 1993：3。

11. 王世民，西周春秋金文中的諸侯爵稱，歷史研究 1983：3。

12. 王世民，記日本出光美術館收藏的我國殷周銅器，古文字研究第十二輯，中國古文字研究會、中華書局編輯部編，北京：中華書局，1985 年 10 月。

13. 王世民、陳公柔、張長壽，關於夏商周斷代工程中的西周青銅器分期斷代研究，文物 1999：6。

14. 王占奎，關於靜方鼎的幾點看法，文物 1998：5。

15. 王玉清，岐山發現西周時代大鼎，文物 1959：10。

16. 王長啓，西安市文物中心收藏的商周青銅器，考古與文物 1990：5。

17. 王冠英，殷周的外服及其演變，歷史研究 1984：5。

18. 王飛，用鼎制度興衰異議，文博 1986：6。

19. 王貽樑，概論西周內服職官的爵位判斷，中華文史論叢 1989：1。

20. 王貽梁，「師氏」、「虎臣」考，考古與文物 1989：3。

21. 王慎行，呂服余盤銘考釋及其相關問題，文物 1986：4。

22. 王德培，曶鼎銘文再推敲，天津社會科學 1984：6。

23. 王輝，史密簋釋文考地，人文雜誌 1991：4。

24. 王翰章、陳良和、李保林，虎簋蓋銘簡釋，考古與文物 1997：3。

25. 王龍正，平頂山應國墓地九十五號墓年代、墓主及相關問題，華夏考古 1995：4。

26. 王龍正等，匍鴨銅盉與頫聘禮，文物 1998：4。

27. 王龍正、姜濤、袁俊杰，新發現的柞伯簋及其銘文考釋，文物 1998：9。

28. 王龍正等，柞伯簋與大射禮及西周教育制度，文物 1998：9。

29. 史言，扶風莊白大隊出土的一批西周銅器，文物 1972：6。

30. 史言，眉縣揚家村大鼎，文物 1972：7。

31. 本刊編輯部，虎簋蓋銘座談紀要，考古與文物 1997：3。

32. 田小娟，商周冠式初探，考古與文物 2001：4。

33. 白於藍，玄衣黹純新解，中國文字 2000 新廿六期。

34. 伊藤道治，周原出土金文和西周王朝的歷史意義，考古學研究（陝西），西安：三秦出版社，1993 年 10 月。

35. 伊藤道治，新出金文資料的意義，中國史研究動態 1980：5。

36. 任偉，西周金文與文獻中的邦君及相關問題，中原文物 1999：4。

37. 印群，論周代列鼎制度的嬗變──質疑「春秋禮制崩壞說」，先秦、秦漢史 1999：5。

38. 印群，西周墓地制度之管窺，遼寧大學學報（哲社版）2000：4。

39. 朱楨、王建，由康侯殷銘文說到周初三監，殷都學刊 1988：3。

40. 朱鳳瀚，房山琉璃河出土之克器與西周早期的召公家族，遠望集──陝西省考古研究所華誕四十周年紀念文集，西安：陝西人民美術出版社，1988 年 12 月。

41. 朱鳳瀚，論卜辭與商周金文中的「后」，古文字研究第十九輯，中國古文字研究會、中華書局編輯部編，北京：中華書局，1992 年 8 月。

42. 朱鳳瀚，士山盤銘文初釋，中國歷史文物 2001：1。

43. 江林昌，來自夏商周斷代工程的報告，中原文物 2001：1。

44. 江學旺，「甫」字構形試探，古文字研究第二十三輯，中國古文字研究會、安徽大學古文字研究室編，北京：中華書局、合肥：安徽大學出版社，2002 年 6 月。

45. 江學旺，金文零拾，古文字研究第二十四輯，中國古文字研究會、中山大學古文字研究所編，北京：中華書局，2002 年 7 月。

46. 江蘇省文物管理委員會，江蘇丹徒煙墩山出土的古代青銅器，文物 1955：5。

47. 余聞榮，釋免——兼說冕兜冖冂弁，中國歷史博物館館刊 1993：1。

48. 吳振武，庾戒鼎補釋，史學集刊 1998：1。

49. 吳鎮烽，史密簋銘文考釋，考古與文物 1989：3。

50. 吳鎮烽，陝西商周青銅器的出土與研究，考古與文物 1988：5-6。

51. 吳鎮烽，用金文資料來研究西周政治法律制度，考古學研究（陝西），西安：三秦出版社，1993 年 10 月。

52. 吳鎮烽、雒忠如，陝西省扶風縣強家村出土的西周銅器，文物 1975：8。

53. 吳鎮烽、尚志儒，關於應侯鐘「見工」一詞的解釋，文物 1977：8。

54. 吳鎮烽、王東海，王臣簋的出土與相關銅器的時代，文物 1980：5。

55. 宋健，關於西周時期的用鼎問題，考古與文物 1983：1。

56. 李丰，虢國墓地銅器群的分期及其相關問題，考古 1988：11。

57. 李玉潔，殷周用鼎制度研究，文史 44 輯。

58. 李仲操，兩周金文中的婦女稱謂，古文字研究第十八輯，中國古文字研究會、中華書局編輯部編，北京：中華書局，1992 年 8 月。

59. 李仲操，也談靜方鼎銘文，文博 2001：3。

60. 李先登，邢國青銅器的初步研究，三代文明研究（一）——1988 年河北邢台中國商周文明國際學術研討會論文集，北京：科學出版社，1999 年 8 月。

61. 李西興，說太師——西周官制雜考之一，考古學研究（陝西），西安：三秦出版社，1993 年 10 月。

62. 李伯謙，叔矢方鼎銘文考釋，文物 2001：8。

63. 李家浩，應國𩵋簋銘文考釋，文物 1999：9。

64. 李紹連，試論西周實行分封制的前因後果，中州學刊 1998：5。

65. 李零，西周金文中的土地制度——金文制度考之一，考古學研究（陝西），西安：三秦出版社，1993 年 10 月。

66. 李零,西周金文中的職官系統,盡心集——張政烺先生八十慶壽論文集,北京:中國社會科學出版社,1996 年 11 月。

67. 李學勤,郿縣李家村銅器考,文物 1957:7。

68. 李學勤,西周中期青銅器的重要標尺——周原庄白、強家兩處青銅器窖藏的綜合研究,中國歷史博物館館刊 1979:1。。

69. 李學勤,論曶鼎及其反映的西周制度,中國史研究 1985:1。

70. 李學勤,大盂鼎新論,鄭州大學學報 1985:3。

71. 李學勤,班簋續考,古文字研究第十三輯,中國古文字研究會、中華書局編輯部、陝西省考古研究所合編,北京:中華書局,1986 年 6 月。

72. 李學勤,西周金文的六師、八師,華夏考古 1987:2。

73. 李學勤,令方尊、方彝新釋,古文字研究第十六輯,中國古文字研究會、中華書局編輯部編,北京:中華書局,1989 年 9 月。

74. 李學勤,令方尊、方彝與成周的歷史地位,洛陽考古四十年——一九九二年洛陽考古學術研討會論文集。

75. 李學勤,從金文看周禮,尋根 1996:2。

76. 李學勤,柞伯簋銘考釋,文物 1998:11。

77. 李學勤,西周青銅器研究的堅實基礎——讀《西周青銅器分期斷代研究》,文物 2000:5。

78. 李學勤,師詢簋與《祭公》,古文字研究第二十二輯,安徽大學古文字研究室,北京:中華書局,2000 年 7 月。

79. 李學勤,説「茲」與「才」,古文字研究第二十四輯,中國古文字研究會、中山大學古文字研究所編,北京:中華書局,2002 年 7 月。

80. 李學勤,蕎簋銘文考釋,故宮博物院院刊 2001:1。

81. 李學勤、江林昌,夏商周斷代工程的文獻學研究及其意義,中原文物 2001:2。

82. 李學勤,談叔夨方鼎及其他,文物 2001:10。

83. 杜正勝,周禮身分的象徵,中央研究院第二屆國際漢學會議論文集歷史與考古組(上冊),1989 年 6 月。

84. 杜勇,從三監看武王大分封的性質,人文雜志 1999:1。

85. 杜迺松,金文中的鼎名簡釋——兼釋尊彝、宗彝、寶彝,考古與文物 1988:4。

86. 杜迺松,商周青銅器銘文研究,考古與文物 1993:5。

87. 杜迺松,克罍克盉銘文新釋,故宮博物院院刊 1998:1。

88. 沈長雲,周代司徒之職辨非,中國史研究 1985:3。

89. 沈長雲，釋大盂鼎「人鬲自馭至于庶人」，河北師院學報 1988：3。

90. 沈長雲，訸侯矢簋銘文與相關歷史問題的重新考察，人文雜誌 1993：4。

91. 沈長雲，珊生簋銘「僕墉土田」新釋，古文字研究第二十二輯，安徽大學古文字研究室，北京：中華書局，2000 年 7 月。

92. 沈寶春，西周金文重文現象探究——以《殷周全文集成》簋類重文爲例，古文字研究第二十四輯，中國古文字研究會、中山大學古文字研究所編，北京：中華書局，2002 年 7 月。

93. 汪中文，西周冊命禮中五種賞賜物之研究，臺南師院學報 1991 第 24 期。

94. 汪中文，兩周金文所見周代女子名號條例，古文字研究第二十三輯，中國古文字研究會、安徽大學古文字研究室編，北京：中華書局、合肥：安徽大學出版社，2002 年 6 月。

95. 辛怡華，扶風莊白曑墓族屬考，考古與文物 2001：4。

96. 周永珍，釋康侯殷，古文字研究第九輯，山西省文物局、中國古文字研究會、中華書局編輯部合編，北京：中華書局，1984 年 1 月。

97. 周亞，關於晉侯蘇鼎件數的探討，晉侯墓地出土青銅器國際學術研討會論文集，上海博物館編，上海書畫出版社，2002 年 7 月。

98. 周原扶風文管所，陝西扶風強家一號西周墓，文博 1987：4。

99. 周書燦，西周王朝國家結構探論，社會科學輯刊 2001：2。

100. 周萼生，郿縣周代銅器銘文初釋，文物 1957：8。

101. 周縣文化館，劉合心，陝西省周至縣發現西周王器一件，文物 1975：7。

102. 周聰俊，瓒器考，大陸雜誌89 卷 1 期。

103. 林澐，豐豐辨，古文字研究第十二輯，中國古文字研究會、中華書局編輯部編，北京：中華書局，1985 年 10 月。

104. 林澐，說干、盾，古文字研究第二十二輯，安徽大學古文字研究室，北京：中華書局，2000 年 7 月。

105. 杰西卡‧羅森，扶風強家一號墓的西周玉器：西周禮制轉變的新證據，考古學研究（陝西），西安：三秦出版社，1993 年 10 月。

106. 武者章，西周冊命金文分類の試み，松丸道雄編，《西周青銅器とその，國家》，日本東京：東京大學出版會，1980 年 6 月。

107. 河南省文物考古研究所、平頂山市文物管理委員會，平頂山應國墓地八十四號墓發掘簡報，文物 1998：9。

108. 邵維國，周代家臣制述論，先秦、秦漢史 1999：6。

109. 長水，岐山賀家村出土的西周銅器，文物 1972：6。

110. 段紹嘉，陝西藍田縣出土弭叔等彝器簡介，文物 1960：2。

111. 范汝森，太保鼎，文物 1959：11。

112. 唐友波，霝卣與周獻功之禮，上海博物館集刊第 7 輯，上海：上海書畫出版社，1996 年 9 月。

113. 唐復年，輔師嫠三考及斷代，古文字研究第十三輯，中國古文字研究會、中華書局編輯部、陝西省考古研究所合編，北京：中華書局，1986 年 6 月。

114. 唐際根，玄鉞考，文物春秋 1994：3。

115. 唐蘭，永盂銘文解釋，文物 1972：1。

116. 夏商周斷代工程專家組，夏商周斷代工程 1996－2000 年階段成果概要，文物 2000：12。

117. 孫華，匽侯克器銘文淺見——兼談召公建燕及其相關問題，文物春秋 1992：3。

118. 孫斌來，保卣銘文釋疑，松遼學刊 1985：3。

119. 孫稚雛，保卣銘文匯釋，古文字研究第五輯，中山大學古文字研究室，北京：中華書局，1981 年 1 月。

120. 孫稚雛，班簋銘文釋讀的一些問題，古文字研究第二十輯，吉林大學古文字研究室，北京：中華書局，2000 年 3 月。

121. 孫曉春，成周八師爲東方各國軍隊説，史學集刊 1986：4。

122. 孫機，始皇陵二號銅車馬對車制研究的啓示，文物 1983：7。

123. 徐中舒，禹鼎的年代及其相關問題，考古學報 1959：3。

124. 徐天進，日本出光美術館收藏的靜方鼎，文物 1998：5。

125. 徐錫台，周原出土的甲骨文所見人名、官名、方國、地名淺釋，古文字研究第一輯，吉林大學古文字研究室編，北京：中華書局 1979 年 8 月。

126. 殷瑋璋、曹淑琴，周初太保器綜合研究，考古學報 1991：1。

127. 秦建明，商周「弓形器」爲旂鈴説，考古 1995：3。

128. 陝西省考古研究所、寶雞市考古工作隊、眉縣文化館、楊家村聯合考古隊，陝西眉縣楊家村西周青銅器窖藏發掘簡報，文物 2003：6。

129. 馬如森，「智鼎銘文通釋」簡介，東北師大學報 1989：3。

130. 馬承源，説瑉，古文字研究第十二輯，中國古文字研究會、中華書局編輯部編，北京：中華書局，1985 年 10 月。

131. 馬承源，新獲西周青銅器研究二則，上海博物館集刊第 6 期，上海：上海古籍出版社，1992 年 10 月。

132. 馬國權，西周銅器銘文數詞量詞初探，古文字研究第一輯，吉林大學古文字研究室編，北京：中華書局 1979 年 8 月。

133. 高明，論商周時代的臣和小臣，盡心集——張政烺先生八十慶壽論文集，北京：中國社會科學出版社，1996 年 11 月。

134. 崔文印，宋代的金石學，史學史研究 1993：2。

135. 張永山，從青銅禮器看西周禮制的形成，炎黃文化研究 1995：2。

136. 張光裕，金文中冊命之典，香港中文大學中國文化研究所學報 1979：10 下。

137. 張光裕，新見保鼎毁銘試釋，考古 1991：7。

138. 張光裕，新見智簋銘文對金文研究的意義，文物 2000：6。

139. 張光裕，虎簋甲、乙蓋銘合校小記，古文字研究第二十四輯，中國古文字研究會、中山大學古文字研究所編，北京：中華書局，2002 年 7 月。

140. 張亞初，宋代所見商周金文著錄表，古文字研究第十二輯，中國古文字研究會、中華書局編輯部編，北京：中華書局，1985 年 10 月。

141. 張亞初，商代職官研究，古文字研究第十三輯，中國古文字研究會、中華書局編輯部、陝西省考古研究所合編，北京：中華書局，1986 年 6 月。

142. 張長壽，論井叔銅器——1983~1986 年澧西發掘資料之二，文物 1990：7。

143. 張長壽，達盨蓋銘——1983~86 年澧西發掘資料之三，燕京學報新二期。

144. 張政烺，伯唐父鼎、孟員鼎、甗銘文釋文，考古 1989：6。

145. 張振林，金文「易」義商兌，古文字研究第二十四輯，中國古文字研究會、中山大學古文字研究所編，北京：中華書局，2002 年 7 月。

146. 張殿民，從商周考古資料談我國史官制度的幾個問題，北方論叢 1985：2。

147. 張經，賢簋新釋，中原文物 2002：3。

148. 張懋鎔，金文所見西周世族政治，人文雜誌 1986：6。

149. 張懋鎔，史密簋發現始末，文物天地 1989：5。

150. 張懋鎔，靜方鼎小考，文物 1998：5。

151. 張懋鎔、趙榮、鄒東濤，安康出土的史密簋及其意義，文物 1989：7。

152. 曹兆蘭，金文女性稱謂中的古姓，考古與文物 2002：2。

153. 曹兆蘭，周代金文嵌姓的稱謂結構模式，古文字研究第二十四輯，中國古文字研究會、中山大學古文字研究所編，北京：中華書局，2002 年 7 月。

154. 曹瑋、魏京武，西周編鐘的禮制意義，南方文物 1994：2。

155. 曹瑋，周原的非姬姓家族與虢氏家族，陝西歷史博物館館刊第七期。

156. 曹瑋，從青銅器的演化試論西周前後期之交的禮制變化，周秦文化研究，西安：陝西人民出版社，1998 年 11 月。

157. 曹瑋，關於晉侯墓地隨葬器用制度的思考，遠望集——陝西省考古研究所華誕四十周年紀念文集，西安：陝西人民美術出版社，1988 年 12 月。

158. 梁曉景，明公封邑考——兼談周公後裔封國的若干問題，中原文物 1987：3。

159. 郭沫若，輔師嫠簋考釋，考古學報 1958：2。

160. 郭沫若，長安縣張家坡銅器群銘文彙釋，考古學報 1962：1。

161. 郭沫若，弭叔簋及訇簋考釋 文物 1960：2。

162. 郭沫若，關於眉縣大鼎銘辭考釋，文物 1972：7。

163. 郭沫若，班簋的再發現，文物 1972：9。

164. 陳久金，夏商周斷代工程的研究方法和西周王年的解決，廣西民族學院學報（哲社版）2001：1。

165. 陳小松，釋呂市，考古學報 1957：3。

166. 陳五雲，學習古文字札記二則，古文字研究第十九輯，中國古文字研究會、中華書局編輯部編，北京：中華書局，1992 年 8 月。

167. 陳平，克罍、克盉銘文及其有關問題，考古 1991：9。

168. 陳平，邢侯簋再研究 三代文明研究（一）——1998 年河北邢台中國商周文明國際學術研討會論文集，北京：科學出版社，1999 年 8 月。

169. 陳永正，西周春秋銅器銘文中的聯結詞，古文字研究第十五輯，中國古文字研究會、中華書局編輯部、陝西省考古研究所合編，北京：中華書局，1986 年 6 月。

170. 陳永正，西周春秋銅器銘文中的語氣詞，古文字研究第十九輯，中國古文字研究會、中華書局編輯部編，北京：中華書局，1992 年 8 月。

171. 陳全方，周原考古發掘記，文物天地 1988：5。

172. 陳邦福，矢簋考釋，文物 1955：5。

173. 陳邦懷，克鎛簡介，文物 1972：6。

174. 陳邦懷，永盂考略，文物 1972：11。

175. 陳佩芬，釋焂戒鼎，第三屆國際中國古文字學研討會論文，香港：香港中文大學中國文化研究所、中國語言及文學系，1997 年 10 月。

176. 陳昌遠，西周監官制度淺說，河南大學學報 1985：4。

177. 陳昌遠，小盂鼎三左三右的解釋問題，河南大學學報（社科版），1993：4。

178. 陳建敏，周初太保匡侯諸器雜識，古文字 1-2（上海青年古文字學社）。

179. 陳昭容，說玄衣濱屯，中國文字 1998 年新廿四期。

180. 陳昭容，周代婦女在祭祀中的地位——青銅器銘文中的性別、身份與角色研究（之一），清華學報（新竹）新三十一卷第四期（2001 年）。

181. 陳飛龍，毛公鼎考釋，中央大學社會文化學報第四期。

182. 陳連慶，敔殷銘文淺釋，古文字研究第九輯，山西省文物局、中國古文字研究會、中華書局編輯部合編，北京：中華書局，1984 年 1 月。

183. 陳連慶，試論智鼎銘文中的幾個問題，古文字研究第二十輯，吉林大學古文字研究室，北京：中華書局，2000 年 3 月。

184. 陳夢家，西周銅器斷代（一），考古學報 1955：9。

185. 陳夢家，西周銅器斷代（二），考古學報 1955：10。

186. 陳夢家，西周銅器斷代（三），考古學報 1956：1。

187. 陳夢家，西周銅器斷代（四），考古學報 1956：2、1956：3、1956：4。

188. 陳夢家，西周銅器斷代（五），考古學報 1956：3。

189. 陳夢家，西周銅器斷代（六），考古學報 1956：4。

190. 陳夢家，西周銅器斷代、虢國考、賞賜篇，燕京學報新 1995：1。

191. 陳夢家，宜侯矢簋和它的意義，文物 1955：5。

192. 陳漢平，古文字釋叢，古文字研究第十九輯，中國古文字研究會、中華書局編輯部編，北京：中華書局，1992 年 8 月。

193. 陳劍，西周金文牙僰小考，語言第四卷，首都師範大學，2003 年。

194. 陳劍，柞伯簋銘補釋，傳統文化與現代化 1999：1。

195. 陳雙新，商周青銅器的發展與宗法禮制的變遷，安徽教育學院學報（社科版）1998：2。

196. 傅振倫，西周邢侯簋銘，文物春秋 1997：1。

197. 傅斯年，論所謂五等爵，中央研究院歷史語言研究所，第二本第一分。

198. 彭美玲，西周金文所見的賞賜，中國文學研究 1997：11。

199. 彭裕商，金文研究與古代典籍，四川大學學報（哲社版）1993：1。

200. 彭裕商，董家村裘衛四器年代新探，古文字研究第二十二輯，安徽大學古文字研究室，北京：中華書局，2000 年 7 月。

201. 斯維至，兩周金文所見職官考，中國文化研究彙刊，第 7 卷。

202. 曾憲通，說繇，古文字研究第十輯，山西省文物局、中國古文字研究會、中華書局編輯部合編，北京：中華書局，1983 年 7 月。

203. 曾憲通，四十年來古文字學的新發現與新學問，學術研究 1990：2。

204. 程學華，寶雞扶風發現西周銅器，文物 1959：11。

205. 馮卓慧、胡留元，西周金文中的司寇及其官司機構，考古與文物 1988：2。

206. 馮時，柞伯簋銘文剩義，古文字研究第二十四輯，中國古文字研究會、中山大學古文字研究所編，北京：中華書局，2002 年 7 月。

207. 黃盛璋，關於詢殷的制作年代與虎臣的身分問題，考古 1961：6。

208. 黃盛璋，彔伯或銅器及其相關問題，考古與文物 1983：5。

209. 黃盛璋，西周銅器中服飾賞錫與職官及冊命制度關係發覆，周秦文化研究，西安：陝西人民出版社，1988 年 11 月。

210. 黃盛璋，西周銅器中冊命制度及其關鍵問題新考，考古學研究（陝西），西安：三秦出版社，1993 年 10 月。

211. 黃盛璋，西周銅器中服飾賞賜與職官及冊命制度關係，傳統文化與現代化 1997：1。

212. 黃銘崇，弓末器及其相關問題，故宮學術季刊第二十卷第四期。

213. 楊五銘，西周金文被動句式簡論，古文字研究第七輯，四川大學歷史系古文字研究室，北京：中華書局，1982 年 6 月。

214. 楊文山，青銅器「麥尊」與邢國始封：兩周邢國歷史綜合研究之一文物春秋 2001：3。

215. 楊文勝，鄭國青銅器與楚國青銅器之比較研究，中原文物 2002：3。

216. 楊英杰，先秦旗幟考釋，文物 1986：2。

217. 楊善群，西周銘文中的師與師氏 考古與文物 1990：2。

218. 楊筠如，周代官名略攷，國立中山大學語言歷史研究所週刊，第二集第二十期（1928 年）。

219. 楊寬，論西周金文中「六自」「八自」和鄉遂制度的關係，考古 1964：8。

220. 楊寬，再論西周金文中「六自」和「八自」的性質，考古 1965：10。

221. 楊寬，西周中央政權機構剖析，歷史研究 1984：1。

222. 楊寶成，殷墟青銅器組合研究，考古與文物 2002：3。

223. 葛志毅，殷周諸侯體制比較，學習與探索 2000：6。

224. 董珊，談士山盉銘文的服字義，故宮博物院院刊 2004：1。

225. 董恩林，論周代分封制與國家統一，華中師範大學學報（人文社科版）1998：5。

226. 裘錫圭，從幾件周代銅器銘文看宗法制度下的所有制，盡心集——張政烺先生八十慶壽論文集，北京：中國社會科學出版社，1996 年 11 月。

227. 綿竹縣文管所，四川綿竹縣發現西周小臣伯鼎，考古 1988：6。

228. 臧克和，讀《殷周金文集成》雜志，古文字研究第二十四輯，中國古文字研究會、中山大學古文字研究所編，北京：中華書局，2002 年 7 月。

229. 趙化成，周代棺槨多重制度研究，國學研究第五卷。

230. 雒長安，20 世紀陝西考古發現述略，文博 2001：1。

231. 劉士，周原青銅器中所見的世官世族，周秦文化研究，西安：陝西人民出版社，1998 年 11 月。

232. 劉占成，承弓器及其用法，文博 1988：3。

233. 劉自讀、路毓賢，周至敔簋器蓋銘文考釋，考古與文物 1991：6。

234. 劉宗漢，釋貯辨疑二則，古文字研究第十二輯，中國古文字研究會、中華書局編輯部編，北京：中華書局，1985 年 10 月。

235. 劉宗漢，金文貯字研究中的三個問題，古文字研究第十五輯，中國古文字研究會、中華書局編輯部、陝西省考古研究所合編，北京：中華書局，1986 年 6 月。

236. 劉宗漢，說「覛見」——「覛」類字研究之一，古文字研究第十九輯，中國古文字研究會、中華書局編輯部編，北京：中華書局，1992 年 8 月。

237. 劉雨，西周金文中的大封小封和賜田里，中國考古學論叢——中國社會科學院考古研究所建所 40 年紀念。

238. 劉雨，西周金文中的周禮，燕京學報新 3 期。

239. 劉雨，伯唐父鼎的銘文與時代，考古 1990：8。

240. 劉雨，近出殷周金文綜述，故宮博物院院刊 2002：3。

241. 劉雨，近出殷周金文綜述，古文字研究第二十四輯，中國古文字研究會、中山大學古文字研究所編，北京：中華書局，2002 年 7 月。

242. 劉昭瑞，宋代著錄金文校釋，文物季刊 1993：3。

243. 劉彬徽，論東周時期用鼎制度中楚制與周制的關係，中原文物 1991：2。

244. 劉彬徽，關於先秦初袍服的定名問題，江漢考古 2000：1。

245. 劉啓益，西周夷王時期銅器的初步清理，古文字研究第七輯，四川大學歷史系古文字研究室，北京：中華書局，1982 年 6 月。

246. 劉啓益，西周穆王時期銅器的初步清理，古文字研究第十八輯，中國古文字研究會、中華書局編輯部編，北京：中華書局 1992 年 8 月。

247. 劉啓益，西周共王時期銅器的初步清理，古文字研究第二十輯，吉林大學古文字研究室，北京：中華書局，2000 年 3 月。

248. 劉啓益，六年宰置簋的時代與西周紀年，古文字研究第二十二輯，安徽大學古文字研究室，北京：中華書局，2000 年 7 月。

249. 劉懷君，眉縣出土一批西周窖藏青銅樂器，文博 1987：2。

250. 廣聞，用玉的等級制度——古玉叢談（九），故宮文物月刊 135。

251. 熱河省博物館籌備組，熱河凌源縣海島營子村發現的古代青銅器，文物 1955：8。

252. 蔣華，西周官學簡論，鹽城師範學院學報（人文社科版）2000：4。

253. 鄭紹宗，商周金文和河北古代方國研究，河洛文明論文集，鄭州：中州古籍出版社，1993 年 7 月。

254. 鄭憲仁，子犯編鐘——西之六自探討，第四屆國際中國古文字學研討會

「新世紀的古文字學與經典詮釋」論文集，香港：香港中文大學，2003年。

255. 盧連成、胡智生，寶雞茹家莊、竹園溝墓地出土兵器的初步研究——兼論蜀式兵器的淵源和發展，考古與文物 1983：5。

256. 韓國磐，關於卿事寮，歷史研究 1990：4。

257. 羅西章，宰獸簋銘略考，文物 1998：8。

258. 羅西章，陝西周原新出土的青銅器，考古 1999：4。

259. 羅伯健，說市黃，考古與文物 1990：1。

260. 羅福頤，克盨，文物 1959：3。

附圖與附表目次

◎拓片依據《殷周金文集成》，個別例外者，皆於圖片下註明出處

編　號	器　名	本文圖版編次	引用《集成》拓片號
00048	𩵦鐘	圖版一	48b-7
00060-063	逆鐘	圖版 圖版二	60-5; 61-6; 62-6 63-6
00107-108	𩵦侯視工鐘	圖版二	107-4; 108-5
00134	柞鐘	圖版三	134-6
00143	鮮鐘	圖版四	143-6
00204-205	克鐘	圖版四 圖版五	204-6 205-6
00247	癲鐘	圖版六	247-6
00753	公姞鬲	圖版七	753
00754-755	尹姞鬲	圖版七 圖版八	754-7 755-7
00935	圍甗	圖版八	935-8
00948	遇甗	圖版八	948
02405	德鼎	圖版八	2405-6
02435	從鼎	圖版九	2435-9
02453	𡟭父鼎	圖版九	2453-8
02504	作冊𠂤鼎	圖版九	2504-7
02505	圍方鼎	圖版九	2505.1-8

02556	小臣䇂鼎	圖版十	2556-7
02579	奱方鼎	圖版十	2579
02581	小臣遘鼎	圖版十	2581-8
02595	臣卿鼎	圖版十	2595-6
02626	獻侯鼎	圖版十一	2626-7
02628	匽侯旨鼎	圖版十一	2628-8
02638	𣏾侯弟鼎	圖版十一	2638-7
02654	亳鼎	圖版十一	2654-7
02659	𩵋鼎	圖版十二	2659-7
02661	德方鼎	圖版十二	2661-9
02674	征人鼎	圖版十二	2674-5
02678	小臣鼎(易鼎)	圖版十二	2678-5
02682	新邑鼎(柬鼎)	圖版十三	2682-7
02696	𩇩鼎（內史龏鼎）	圖版十三	2696-7
02702	㚼方鼎	圖版十三	2702-6
02703	堇鼎	圖版十三	2703-8
02704	旟鼎	圖版十四	2704-6
02705	窑鼎	圖版十四	2705-8
02706	麥方鼎	圖版十四	2706-6
02712	乃子克鼎	圖版十四	2712.1-7
02718	寓鼎	圖版十四	2718-7
02719	公貿鼎	圖版十五	2719-8
02720	井鼎	圖版十五	2720
02721	𡧊鼎（師𩵋父鼎）	圖版十五	2721-9
02723	師艅鼎	圖版十五	2723.b-9
02725	歸𢼸方鼎	圖版十六	2725-7
02728	旅鼎	圖版十六	2728-9
02729	𣪘𣪘方鼎	圖版十六	2729-7
02730	厚趠方鼎	圖版十六	2730-9
02736	不栺方鼎	圖版十七	2736-8
02739	㼝方鼎	圖版十七	2739-8
02742	瘋鼎	圖版十七	2742.b-8

02747	師秦宮鼎	圖版十七	2747.b-6
02748	庚嬴鼎	圖版十八	2748.b-9
02749	宭鼎	圖版十八	2749-8
02751	中方鼎	圖版十八	2751.b-9
02754	呂方鼎	圖版丨八	2754-9
02755	窄鼎	圖版十九	2755-9
02756	寓鼎	圖版十九	2756-7
02760	作冊大方鼎	圖版十九	2760-8
02765	蠣鼎	圖版十九	2765-7
02775	小臣夌鼎	圖版二十	2775.b
02776	剌鼎	圖版二十	2776-7
02778	史獸鼎	圖版二十	2778-8
02780	師湯父鼎	圖版二十	2780-8
02781	庚季鼎	圖版廿一	2781-6
02783	七年趞曹鼎	圖版廿一	2783-9
02784	十五年趞曹鼎	圖版廿一	2784-6
02785	中方鼎	圖版廿一	2785.b
02786	康鼎	圖版廿二	2786-6
02787	史頌鼎	圖版廿二	2787-6
02789	夨方鼎	圖版廿二	2789-9
02790	微綠鼎	圖版廿二	2790.b-6
02791	伯姜鼎	圖版廿三	2791-8
02792	大夫始鼎	圖版廿三	2792.1b-6 2792.2b-6
02803	令鼎	圖版廿三	2803-6
02804	利鼎	圖版廿四	2804
02805	南宮柳鼎	圖版廿五	2805
02807	大鼎	圖版廿六	2807-8
02810	噩侯鼎	圖版廿七	2810-6
02813	師奎父鼎	圖版廿七	2813-8
02814	無重鼎	圖版廿八	2814-8
02815	趨鼎	圖版廿九	2815-7
02816	伯晨鼎	圖版三十	2816-7

02817	師晨鼎	圖版卅一	2817-7
02818	鬲攸从鼎	圖版卅二	2818-7
02819	裹鼎	圖版卅三	2819b-7
02820	善鼎	圖版卅四	2820-7
02821	此鼎	圖版卅四	2821-7
02825	善夫山鼎	圖版卅五	2825-7
02827	頌鼎	圖版卅六	2827.1-7 2827.2-7
02830	師訇鼎	圖版卅七	2830-8
02835	多友鼎	圖版卅八	2835-6
02836	大克鼎	圖版卅九	2836-4
02837	大盂鼎	圖版四十	2837-4
02838	曶鼎	圖版四一	2838-6
02839	小盂鼎	圖版四二 圖版四三	2839-5 2839.b
02841	毛公鼎	圖版四四 圖版四五	2841.1-5 2841.2-5
03712	鳳作且癸殷蓋	圖版四六	3712-7
03733	德殷	圖版四六	3733-7
03743	保侃母殷	圖版四六	3743
03790	臣樹殘殷	圖版四六	3790-6
03822	效父殷	圖版四七	3822-7
03824	圍殷	圖版四七	3824-6
03825	圍殷	圖版四七	3825.1-8
03905	釩父丁殷	圖版四七	3905-7
03906	攸殷	圖版四八	3906.1-8
03942	叔德殷	圖版四八	3942-8
03948	臣卿殷	圖版四八	3948-8
04020	天君殷	圖版四八	4020.b-8
04030-031	史臨殷	圖版四九	4030-8 4031-8
04041	禽殷	圖版四九	4041-8
04042	易旁殷	圖版四九	4042-8

04044	御正衛𣪘	圖版五十	4044-8
04046	變𣪘	圖版五十	4046-8
04060	不壽𣪘	圖版五十	4060
04097	窑𣪘	圖版五十	4097-9
04099	㪟𣪘	圖版五一	4099.1
04101	生史𣪘	圖版五一	4101-9
04104	賢𣪘	圖版五一	4104.1-8
04112	命𣪘	圖版五一	4112.1-8
04121	焚𣪘	圖版五二	4121-9
04122	彔作辛公𣪘	圖版五二	4122.1-8
04131	利𣪘	圖版五二	4131-7
04132	叔𣪘	圖版五二	4132.1-7
04134	御史競𣪘	圖版五三	4134-7
04136	相侯𣪘	圖版五三	4136
04140	大保𣪘	圖版五二	4140-6
04146	緐𣪘殘底	圖版五三	4146-8
04159	鼄𣪘	圖版五四	4159
04163	孟𣪘	圖版五四	4163-7
04165	大𣪘	圖版五四	4165-8
04166	敔𣪘	圖版五四	4166.1-8
04167	㝅𣪘	圖版五五	4167-8
04169	鄆伯駛𣪘	圖版五五	4169-9
04171	瘭𣪘	圖版五五	4171.1-7
04179	小臣守𣪘	圖版五五	4179-7
04184-187	公臣𣪘	圖版五六	4184-8
04191	穆公𣪘蓋	圖版五六	4191
04192	緯𣪘	圖版五六	4192.1-7
04194	睿𣪘	圖版五七	4194.1b-6
04195	萠𣪘	圖版五七	4195.1-8
04196	師毛父𣪘	圖版五七	4196.b-8
04197	郜智𣪘	圖版五七	4197-7
04199	恒𣪘蓋	圖版五八	4199-7

04201	小臣宅段	圖版五八	4201-8
04202	狕段	圖版五八	4202.b-5
04205	獻段	圖版五九	4205-8
04206	小臣傳段	圖版五九	4206-8
04207	遹段	圖版五九	4207-7
04208	段段	圖版五九	4208-7
04210	衛段	圖版六十	4210.1-6
04213	屖敖段蓋	圖版六十	4213-8
04214	師遽段蓋	圖版六十	4214-8
04215	黼段	圖版六十 圖版六一	4215.1-8 4215.2-8
04218	五年師旋段	圖版六一	4218-7
04225	無異段	圖版六一	4225.1-4
04232	史頌段	圖版六一	4232.1-5
04239	小臣謎段	圖版六二	4239.1-8 4239.2-9
04240	免段	圖版六三	4240-7
04241	焂作周公段	圖版六三	4241-8
04243	救段蓋（羖段蓋）	圖版六三	4243-6
04244	走段	圖版六四	4244.b-7
04249	楚段	圖版六四	4249-6
04250	即段	圖版六四	4250-5
04252	大師虘段	圖版六四	4252.1-7
04254	弭叔師察段	圖版六五	4254-5
04255	戲段	圖版六五	
04256	廿七年衛段	圖版六五	4256.1-6
04257	弭伯師耤段	圖版六五	4257-6
04258	害段	圖版六六	4258.1b-7 4258.2b-7
04266	趞段	圖版六七	4266-9
04267	申段蓋	圖版六八	4267-9
04268	王臣段	圖版六九	4268.1-9
04269	縣妃段	圖版七十	4269-9

04271	同段	圖版七一	4271-9
04272	朢段	圖版七一 圖版七二	4272.1b-6 4272.2b-8
04273	靜段	圖版七二	4273-8
04275	元年師兌段	圖版七三	4275.2-9
04276	豆閉段	圖版七四	4276-9
04277	師艅段蓋	圖版七五	4277-8
04278	爾比段蓋	圖版七六	4278-8
04281	元年師旋段	圖版七七	4281-9
04283-284	師㝨段蓋	圖版七八	4283-8
04285	諫段	圖版七九	4285.2
04286	輔師嫠段	圖版八十	4286-9
04287	伊段	圖版八一	4287-9
04288	帥酉段	圖版八二	4288.1
04294	揚段	圖版八三	4294
04297	鄁段蓋	圖版八四	4297.1
04298	大段蓋	圖版八五	4298-9
04300	作冊夨令段	圖版八六	4300-8
04302	彔伯威段蓋	圖版八七	4302-9
04303	此段	圖版八八	4303.2-8
04311	師獸段	圖版八九	4311.b
04312	師穎段	圖版九十	4312-9
04316	師虎段	圖版九一	4316-9
04318	三年師兌段	圖版九二	4318.2-8
04320	宜侯夨段	圖版九三	4320-9
04321	訇段	圖版九四	4321-6
04323	敔段	圖版九五	4323.b-7
04324	師嫠段	圖版九六 圖版九七	4324.1-9 4324.2-7
04326	番生段蓋	圖版九八	4326-9
04327	卯段蓋	圖版九九	4327-8
04328	不娶段	圖版一OO	4328-7
04331	芇伯歸夆段	圖版一O一	4331-8

04332	頌殷	圖版一〇二	4332.1-7
04340	蔡殷	圖版一〇三	4340-8
04341	班殷	圖版一〇四	4341-6
04342	師𠭯殷	圖版一〇四	4342.b-6
04343	牧殷	圖版一〇五	4343.1b-5 4343.2b-5
04462	癲盨	圖版一〇五	4462-7
04465	善夫克盨	圖版一〇六	4465.1
04467-468	師克盨	圖版一〇六 圖版一〇七	4467.1 4468-7
04469	𣄰盨	圖版一〇八	4469.b
04626	免簠	圖版一〇九	4626
05319	蚩高卣	圖版一〇九	5319.1
05333	朿乍父辛卣	圖版一〇九	5333.1-9
05352	小臣豐卣	圖版一〇九	5352-6
05355	軷卣	圖版一一〇	5355.1-7
05361	膡乍父辛卣蓋	圖版一一〇	5361.1-7
05374	圉卣	圖版一一〇	5374.1-8
05383	岡刧卣	圖版一一〇	5383.1-7
05384	耳卣	圖版一一一	5384.1-7
05385	息伯卣	圖版一一一	5385-8
05388	顯卣	圖版一一一	5388.1
05390	伯甬父卣	圖版一一一	5390-7
05391	執卣	圖版一一二	5391.1b-7
05397	崙中乍兄癸卣	圖版一一二	5397.1b-9
05398	同卣	圖版一一二	5398.1-8
05399	盂卣	圖版一一二	5399.1 5399.2-8
05400	乍冊翻卣	圖版一一三	5400.1
05402	趞卣	圖版一一三	5402.1-7
05403	豐卣	圖版一一三	5403.1-8
05404	商卣	圖版一一三 圖版一一四	5404.1 5054.2-8

05405	次卣	圖版一一四	5405.1 5404.2
05407	作冊睘卣	圖版一一四	5407.1-9
05408	靜卣	圖版一一五	5408-9
05409	貉子卣	圖版　一五	5409.1 5409.2
05411	稿卣	圖版一一五 圖版一一六	5411.1b 5411.2b-8
05415	保卣	圖版一一六	5415.1-8 5415.2-8
05416	齍卣	圖版一一七	5416.1-8 5416.2-7
05418	免卣	圖版一一七	5418-8
05419	彔戜卣	圖版一一八	5419-8
05421	士上卣	圖版一一八	5421.1
05425	競卣	圖版　一一八 圖版一一九	5425.1 5425.2
05426	庚嬴卣	圖版　一一九	5426.1-7 5426.2-6
05428	叔趯父卣	圖版一二O	5428.1-8
05430	繁卣	圖版一二O	5430.1-8
05431	高卣	圖版一二O	5431.b
05432	作冊魖卣	圖版一二O	5432.1
05433	效卣	圖版一二一	5433.1
05962	叔匙方尊	圖版一二一	5962-6
05971	執尊	圖版一二一	5971.b-9
05973	🖼父乙尊	圖版一二一	5973.b-9
05974	蔡尊	圖版一二二	5974-9
05975	徵作父乙尊	圖版一二二	5975-6
05977	犅刲尊	圖版一二二	5977-7
05978	復作父乙尊	圖版一二二	5978
05981	歗尊	圖版一二三	5981
05984	能匋尊	圖版一二三	5984
05985	嚶士卿父戊尊	圖版一二三	5985-9

05986	隊作父乙尊	圖版一二三	5986-7
05987	臣衛父辛尊	圖版一二四	5987
05988	斬尊	圖版一二四	05988-9
05989	作冊睘尊	圖版一二四	5989
05991	作冊翻父乙尊	圖版一二五	5991
05992	趞尊	圖版一二五	5992
05994	次尊	圖版一二五	5994-9
05995	師艅尊	圖版一二六	5995.b
05996	豐作父辛尊	圖版一二五	5996
05997	商尊	圖版一二六	5997
05999	士上尊	圖版一二六	5999
06000	子黃尊	圖版一二六	6000
06001	小子生尊	圖版一二七	6001.b
06002	作冊折尊	圖版一二七	6002-9
06003	保尊	圖版一二七	6003
06004	盠尊	圖版一二八	6004-7
06006	免尊	圖版一二八	6006-8
06007	耳尊	圖版一二八	6007-7
06008	㔼尊	圖版一二八	6008-9
06009	效尊	圖版一二九	6009-9
06011	盠駒尊	圖版一二九	06011.1-9 6011.2
06012	盠駒尊蓋	圖版一二九	6012-9
06013	盠方尊	圖版一三〇	6013
06014	砢尊	圖版一三一	6014
06015	麥方尊	圖版一三二	6015.b
06016	矢令方尊	圖版一三三	6016-9
06509	厝觶	圖版一三四	6509.1-9
06510	庶觶	圖版一三四	6510.1-8
06512	小臣單觶	圖版一三四	6512-8
06514	中觶	圖版一三四 圖版一三五	6514.1b 6514.2b
06516	趩觶	圖版一三五	6516-8

07310	貝父乙觚	圖版一三五	7310-9
09094	朢父甲爵	圖版一三五	9094.1
09099	征作父辛角	圖版一三六	9099-9
09103	御正良爵	圖版一三六	9103-6
09104	盂爵	圖版一二六	9104-7
09303	作冊折觥	圖版一三六	9303.1-5
09439	亞其侯父乙盉	圖版一三七	9439.1-7
09451	麥盉	圖版一三七	9451-8
09453	義盉蓋	圖版一三七	9453-7
09454	士上盉	圖版一三八	9454.1-8
09646	保侃母壺	圖版一二八	9646.1-8
09702	夨伯壺蓋	圖版一三八	9702-6
09714	史懋壺	圖版一三八	9714
09721-722	幾父壺	圖版一二九	9722-8
09723	十三年瘋壺	圖版一三九 圖版一四〇	9723.1-9 9723.2-9
09725	伯克壺	圖版一四〇	9725.b-7
09726	三年瘋壺	圖版一四〇	9726-7
09728	曶壺蓋	圖版一四一	9728-7
09731	頌壺	圖版一四二	9731.1-2
09888	叔夗方彝	圖版一四三	9888.1-7
09893	井侯方彝(麥方彝)	圖版一四三	9893.1b 9893.2b
09895	折方彝	圖版一四三 圖版一四四	9895.1 9895.2-9
09897	師遽方彝	圖版一四四	9897.1-8
09898	吳方彝蓋	圖版一四四	9898.1-7 9898.2-7
09899	盠方彝	圖版一四五	9899.1-7 9899.2-6
09901	夨令方彝	圖版一四五	9901.1-6
10105	陶子盤	圖版一四五	10105.8
10161	兔盤	圖版一四六	10161-6

10166	鮮殷	圖版一四六	10166-6
10168	守宮盤	圖版一四六	10168-6 10168-7
10169	呂服余盤	圖版一四七	10169
10170	走馬休盤	圖版一四八	10170
10172	褒盤	圖版一四九	10172-8
10173	虢季子白盤	圖版一五〇	10173-5
10174	兮甲盤	圖版一五一	10174-7
10322	永盂	圖版一五二	10322-7
10360	豐圜器	圖版一五二	10360-6
N198601-02	殷殷	圖版一五三	
N198701-03	逨鐘	圖版一五三	
N198704	尸伯殷	圖版一五四	
N198801	小臣佶鼎	圖版一五四	
N198901	孟員鼎	圖版一五四	
N198902	孟員甗	圖版一五四	
N198903	伯唐父鼎	圖版一五四	
N199001	太保罍	圖版一五五	
N199002	太保盉	圖版一五五	
N199003	僕歷卣	圖版一五五	
N199004	高鼎	圖版一五五	
N199005	達盨蓋	圖版一五六	
N199101	保員殷	圖版一五六	
N199102	敔殷	圖版一五七	
N199301	冒鼎	圖版一五六	
N199601	虎殷蓋	圖版一五八	
N199602	蕭卣	圖版一五七	
N199603	晉侯穌編鐘	圖版一五九 圖版一六〇 圖版一六一 圖版一六二 圖版一六三	
N199701	鉿伯慶鼎	圖版一五七	

N199801	柞白毁	圖版一六四	
N199802	宰獸毁	圖版一六四	
N199803	匍盉	圖版一六五	
N199804	靜方鼎	圖版一六五	
N199805	吳虎鼎	圖版一六六	
N199901	从毁	圖版一六七	
N199902	應國再毁	圖版一六七	
N199903	薔毁	圖版一六八	
N200101	叔矢方鼎	圖版一六八	
N200102	士山盤	圖版一六八	
N200301-02	四十二年逨鼎	圖版一六九	
N200303-12	四十三年逨鼎	圖版一七〇 圖版一七一	
N200313	逨盤	圖版一七二	

| 周代駟馬車綜合復原圖 | 圖版一七三 | |

附表編次	名　稱	出　處
附表一	西周早期官制系統表	《西周金文官制研究》
附表二	西周中期官制系統表	《西周金文官制研究》
附表三	西周晚期官制系統表	《西周金文官制研究》
附表四	西周官制系統表	《商周制度考信》
附表五	西周賞賜銘文所見官職關係表	《殷周青銅器賞賜銘文研究》
附表六	本論文西周官制系統表：西周早期、西周中晚期	

圖版一

60-5

48.h-7

00060 逆鐘　　00018 虖鐘
00062 逆鐘　　00061 逆鐘

62-6

61-6

圖版二

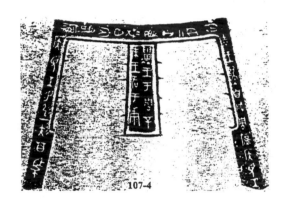

107-4

63-6

00107　雁侯視工鐘
00108　雁侯視工鐘

108-5

圖版三

00134　柞鐘

134-6

圖版四

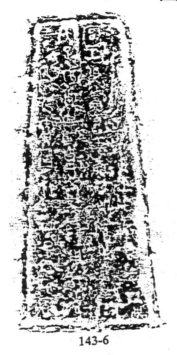

143-6

00143　鮮鐘

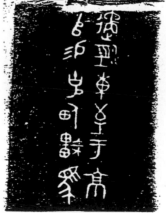

204-6　　00204　克鐘

圖版五

205-6　　00205　克鐘

圖版六

00247　癭鐘

247-6

圖版七

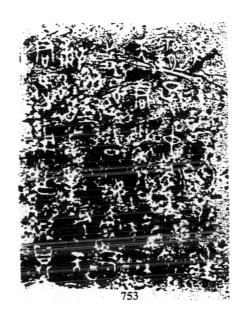

753

00753　公姞鬲

00754　尹姞鬲

754-7

圖版八

935-8

755-7

00935　圉甗

00755　尹姞鬲

02405　德鼎

00948　遇甗

2405-6

948

圖版九

2453-8

02453　奊父鼎

02505　圍方鼎

2505.1-8

2435-9

02435　從鼎

02504　作冊中鼎

2504-7

圖版十

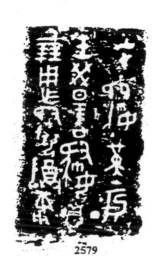

2579

2556-7

02579　嬰方鼎

02595　臣卿鼎

02556　小臣䚄鼎

02581　小臣邐鼎鼎

2595-6

2581-8

圖版十一

2628-8

02628　匽侯旨鼎

02654　亳鼎

2626-7

02626　獻侯鼎

02638　異侯弟鼎鼎

2638-7

圖版十二

2661-9

02661　德方鼎

02678　小臣鼎(易鼎)亳鼎

2659-7

02659　卿鼎

02674　征人鼎

2678-5

2674-5

圖版十三

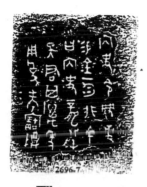

2696-7

2682-7

02696　鼎（內史龏鼎）鼎　　　02682　新邑鼎(柬鼎)

02703　董鼎　　　　　　　　　　02702　叟方鼎

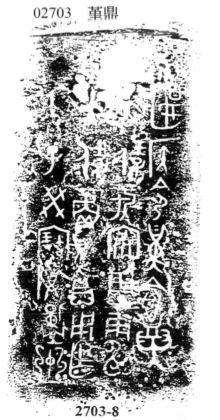

2703-8

2702-6

圖版十四

02705　窚鼎

02706　麥方鼎

02704　旟鼎

02718　寓鼎

02712　乃子克鼎

圖版十五

2720

2719-8

02720　井鼎

02723　帥䜌鼎

02719　公貿鼎

02721　䢅鼎（師䜌父鼎）鼎

2723.b-9

2721-9

圖版十六

2725-7

02725 歸𫭢方鼎

02728 旅鼎

02729 㲃𣪘妟方鼎

02730 厚趠方鼎

2730-9

2729-7

圖版十七

2739-8

2736-8

02736　不楷方鼎

02742　瘋鼎

02739　塱方鼎

02747　師秦宮鼎

2747.b-6

2742.b-8

圖版十八

2749-8

2748.b-9

02749　憲鼎

02757　呂方鼎

02748　庚嬴鼎

02751　中方鼎

2754-9

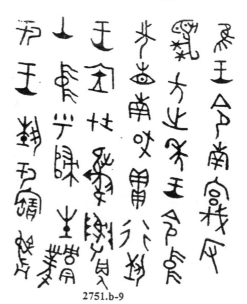

2751.b-9

圖版十九

2756-7

2755-9

02756　寓鼎

02765　　蟎鼎

02755　　窄鼎

02760　作冊大方鼎

2765-7

2760-8

圖版二〇

2776-7

2775.b

02775　小臣夆鼎

02776　刺鼎

02778　蠣史獸鼎

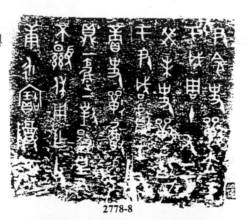

2778-8

2880-8

02780　師湯父鼎

圖版二一

2783-9

2781-6

02781　庚季鼎

02784　十五年趞曹鼎

02783　七年趞曹鼎

02785　中方鼎

2784-6

2785.b

圖版二二

2787-6

02787　史頌鼎鼎

2786-6

02786　康鼎

2789-9

02789　癲盨方鼎

2790.b-6

2790　微綠鼎

圖版二三

2792.1b-6

2791-8

02791　伯姜鼎

02792　大夫始鼎

2792.2b-6

2803-6

02803　令鼎

圖版二四

2804

02804 利鼎

圖版二五

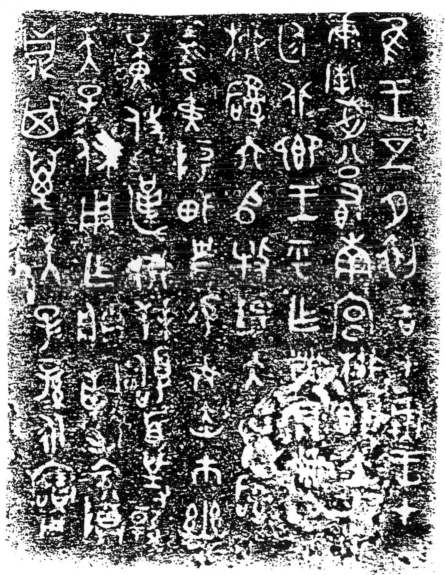

2805

02805 南宮柳鼎

圖版二六

2807-8

02807 大鼎

圖版二七

02810 噩侯鼎

2810-6

02813 師㠱父鼎

2813-8

圖版二八

2814-8

02814 無重鼎

圖版二九

2815-7

02815 趞鼎

圖版三〇

2816-7

02816 伯晨鼎

圖版三一

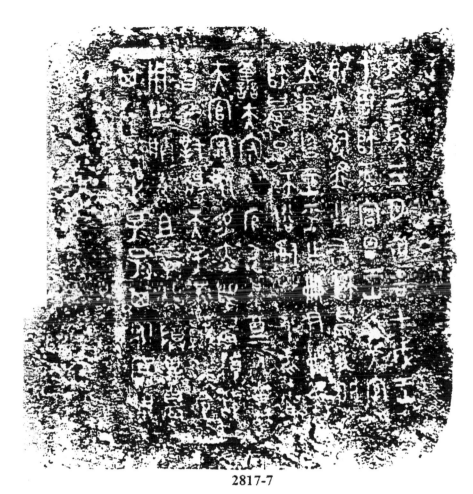

2817-7

02817 師晨鼎

圖版三二

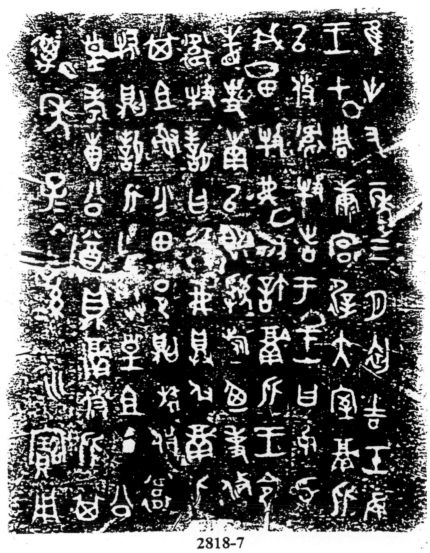

2818-7

02818 舜攸从鼎

圖版三三

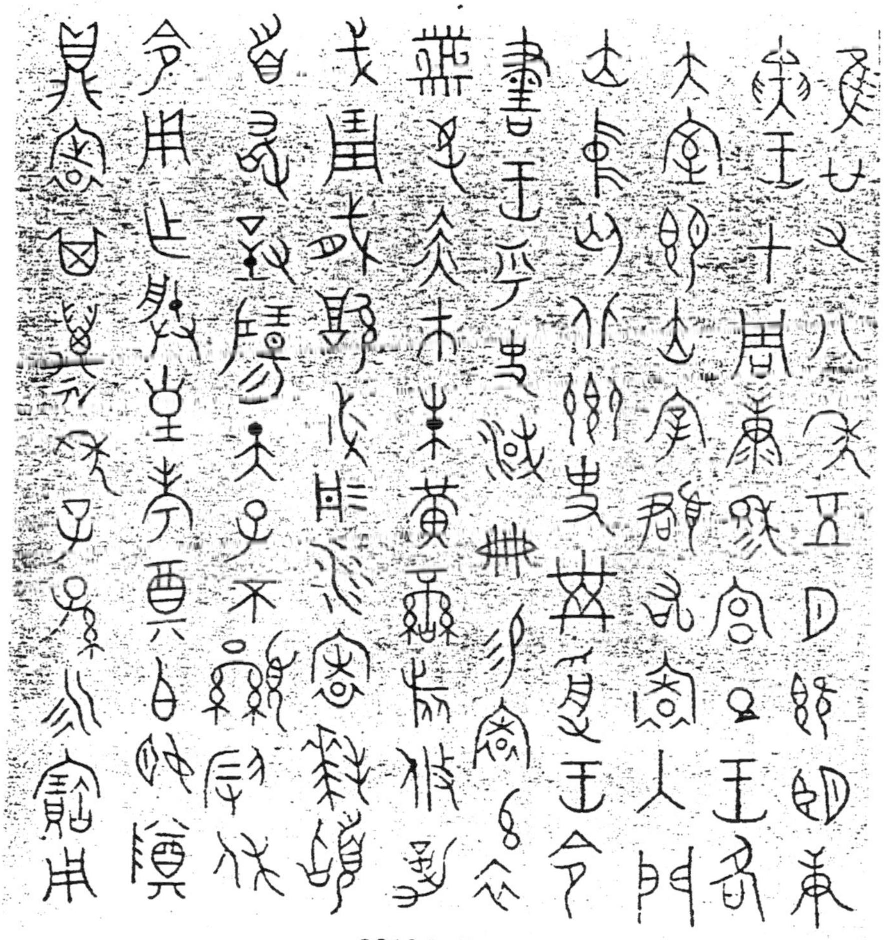

2819.b-7

02819 㝬鼎

圖版三四

2820-7

02820 善鼎

02821 此鼎

2821-7

圖版三五

2825-7

02825 善夫山鼎

圖版三六

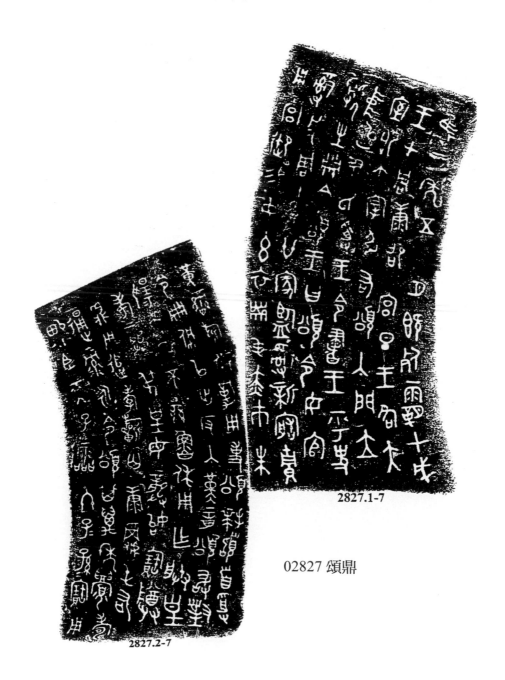

2827.1-7

2827.2-7

02827 頌鼎

圖版三七

2830-8

02830 師訊鼎

圖版三八

02835 多友鼎

圖版三九

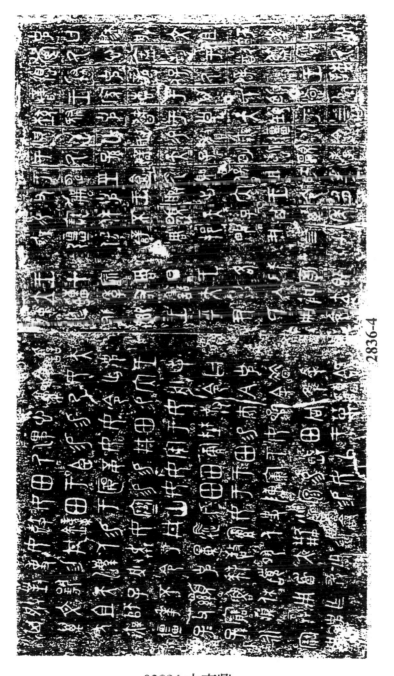

2836-4

02836 大克鼎

圖版四〇

2837-4

02837 大盂鼎

圖版四一

2838-6

02838 智鼎

圖版四二

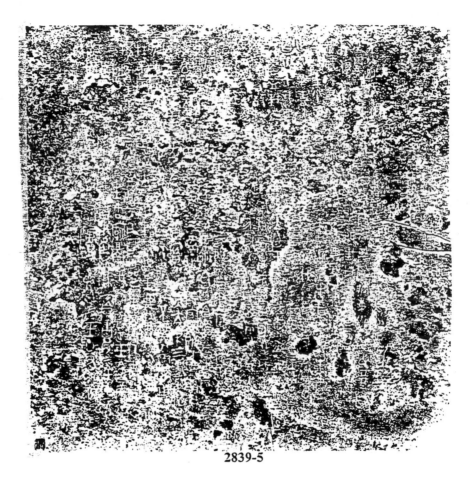

2839-5

02839 小盂鼎

圖版四三

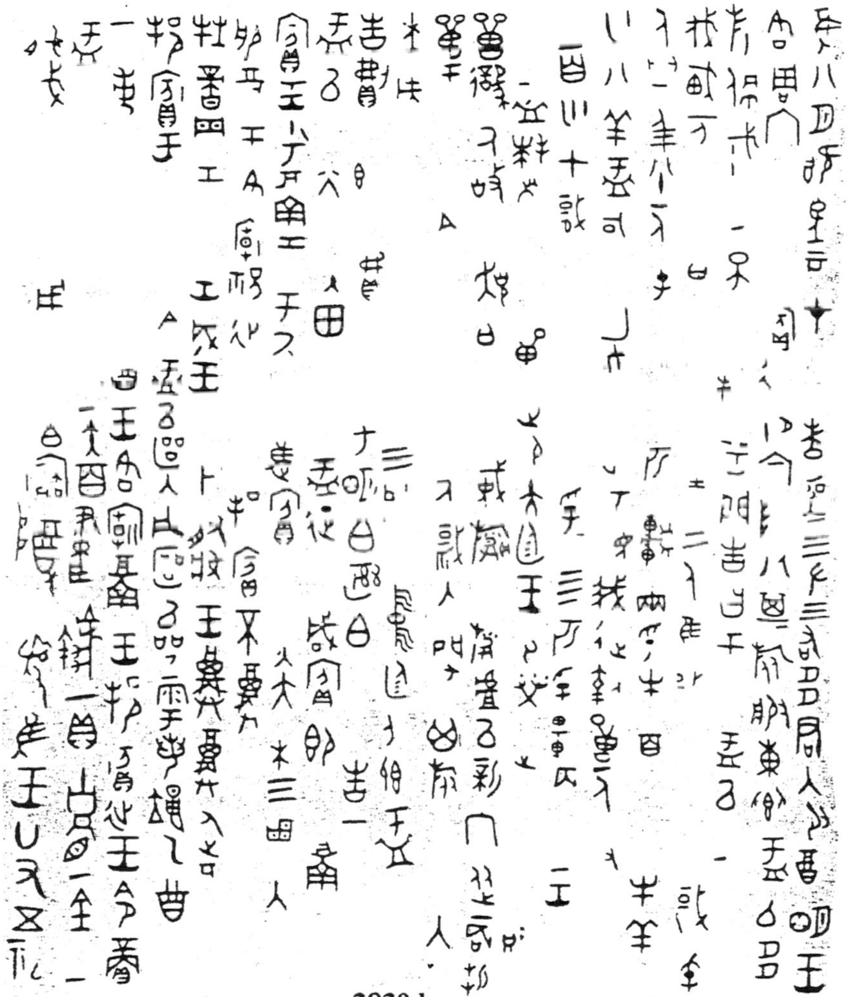

2839.b

02839 小盂鼎

圖版四四

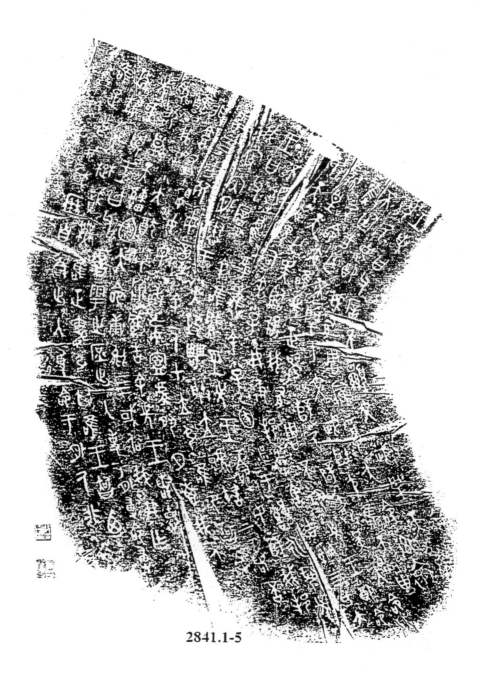

2841.1-5

02841 毛公鼎

圖版四五

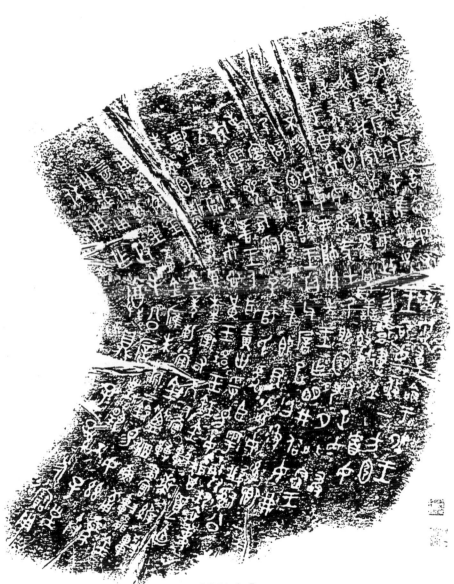

2841.2-5

02841 毛公鼎

圖版四六

3733-7

3712-7

03733 德殷

03790 臣榭殘殷

03712 鳳作且癸殷蓋

03743 保侃母殷

3790-6

3743

圖版四七

03824 圍𣪘
03905 𢷎父丁𣪘

3822 效父𣪘
03825 圍𣪘

圖版四八

3942-8

03942 叔德𣪘

04020 天君𣪘

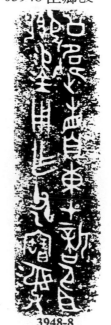

3906.1-8

03906 攸𣪘

03948 臣卿𣪘

4020.b-8

3948-8

圖版四九

4031-8

4030-8

04030-031 史臨殷

04042 易旁殷　　　　04041 禽殷

4042-8

4041-8

圖版五〇

4046-8

04046 燮設

04097 窑設

4044-8

04044 御正衛設

04060 不壽設

4097-9

4060

圖版五一

04101 生史設　04099 敔設
04112 命設　04104 賢設

圖版五二

4122.1-8

4121-9

04122 彔作辛公設　04121 燹設
04132 叔設　　　　04131 利設

4132.1-7

4131-7

圖版五三

4136

4134-7

04136 相侯殷　　04134 御史競殷
04146 舷殷殘底　　04140 大保殷

4146-8

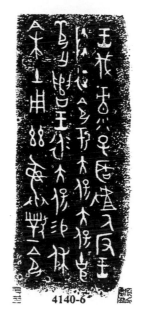

4140-6

圖版五四

4163-7

4159

04163 孟𣪘　04159 鼄𣪘
04166 敔𣪘　04165 大𣪘

4166.1-8

4165-8

圖版五五

4169-9

4167-8

04169 鄅伯戲簋　　04167 豦簋
04179 小臣守簋　　04171 瘨簋

4179-7

4171.1-7

圖版五六

04184-187 公臣𣪕

4184-8

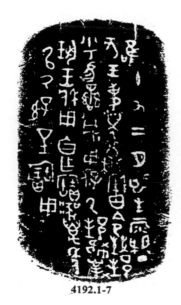

4192.1-7

04192 䋣𣪕

4191

04191 穆公𣪕蓋

圖版五七

04195 萬段

4194.1b-6

04194 春段

04196 朝毛父段

4195.1-8

04197 郐智段

4197-7

4196.b-8

圖版五八

4201-8

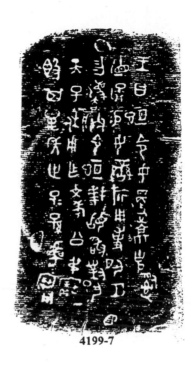

4199-7

04201 小臣宅殷　　04199 恒殷蓋
04202 矤殷

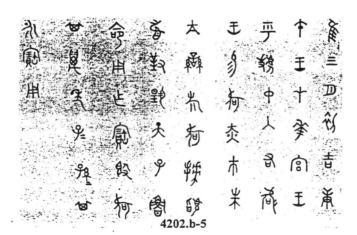

4202.b-5

圖版五九

4206-8

4205-8

04206 小臣傳𣪘　　04205 獻𣪘
04208 段𣪘　　　　04207 遹𣪘

4208-7

4207-7

圖版六十

4213-8

4210.1-6

04213 屎敖設蓋　　04210 衛設
04215 齟設　　　　04214 師遽設蓋

4215.1-8

4214-8

圖版六一

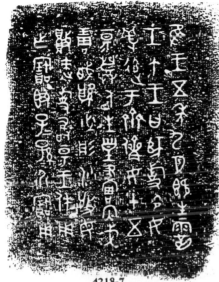

4218-7

4215.2-8

04218 五年師旋設　　04215 㸬設
04232 史頌設　　　　04225 無其設

4232.1-5

4225.1-4

圖版六二

4239.1-8

04239 小臣謎段

4239.2-9

圖版六三

04240 免𣪘

4240-7

04243 救𣪘蓋（羖𣪘蓋）　　04241 爕作周公𣪘

4243-6

4241-8

圖版六四

4249-6

4244.b-7

04249 楚設　　　04244 走設
04252 大師虘設　04250 即設

4252.1-7

4250-5

圖版六五

4254-5

04255 戲殷　　04254 弭叔師察殷
04257 弭伯師耤殷　　04256 廿七年衛殷

4257-6

4256.1-6

圖版六六

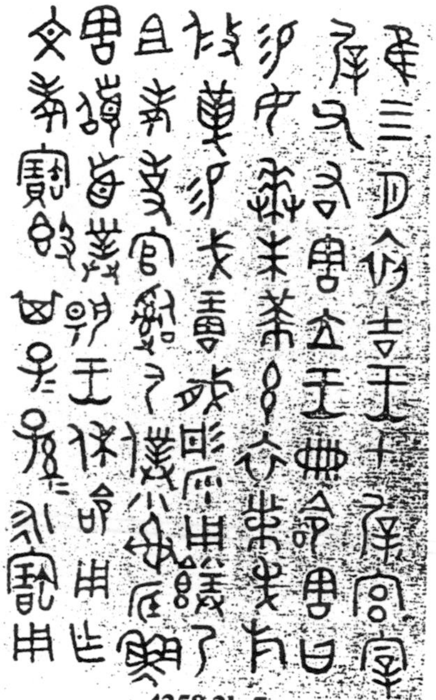

4258.2b-7

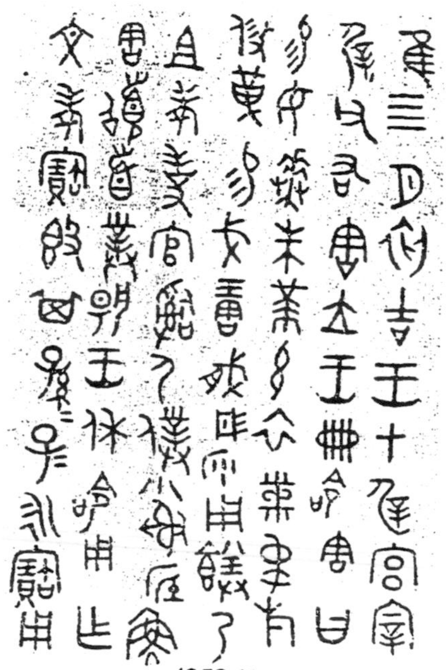

4258.1b-7

04258 害設

圖版六七

4266-9

04266 趞𣪘

圖版六八

4267-9

04267 申𣪘蓋

圖版六九

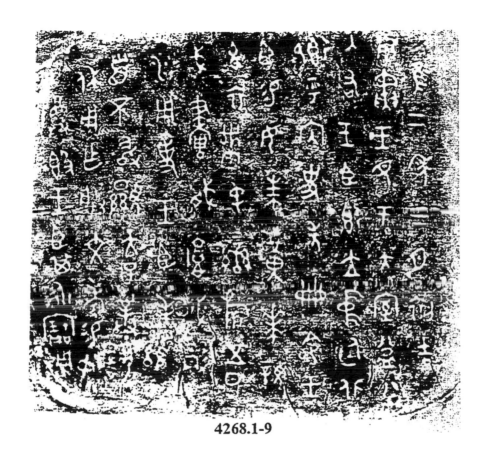

4268.1-9

04268 王臣殷

圖版七〇

4269-9

04269 縣妃殷

圖版七一

4271-9

04271 同段
04272 朢段

4272.1b-6

圖版七二

04272 朢殷

4272.2b-8

04273 靜殷

4273-8

圖版七三

4275.2-9

04275 元年師兌毀

圖版七四

4276-9

04276 豆閉簋

圖版七五

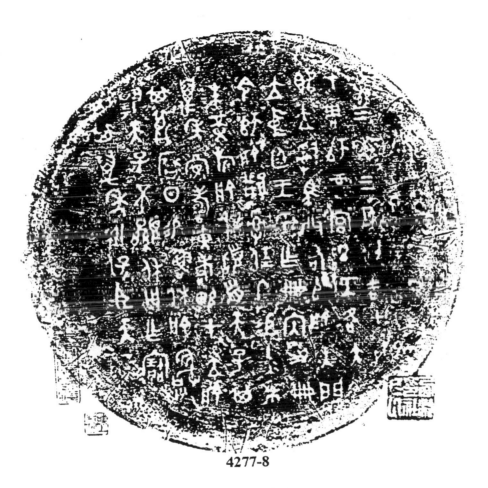

4277-8

04277 師艅設蓋

圖版七六

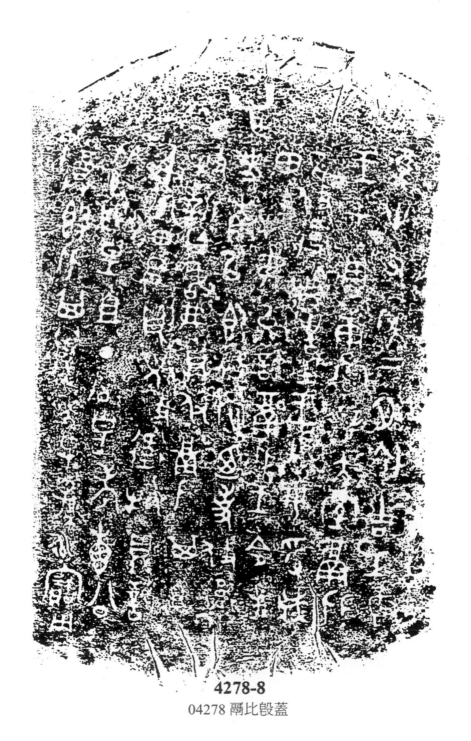

4278-8
04278 爾比段蓋

圖版七七

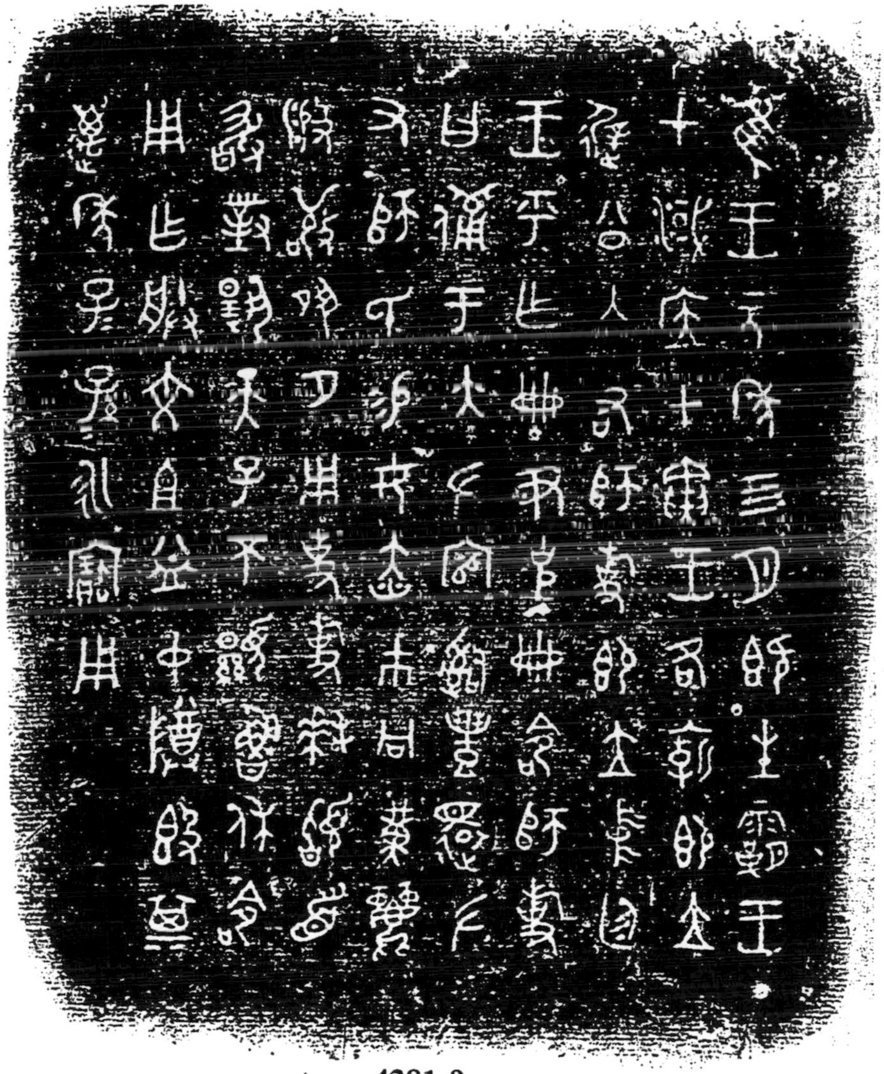

4281-9

04281 元年師旂段

圖版七八

4283-8

04283-284 師癲設蓋

圖版七九

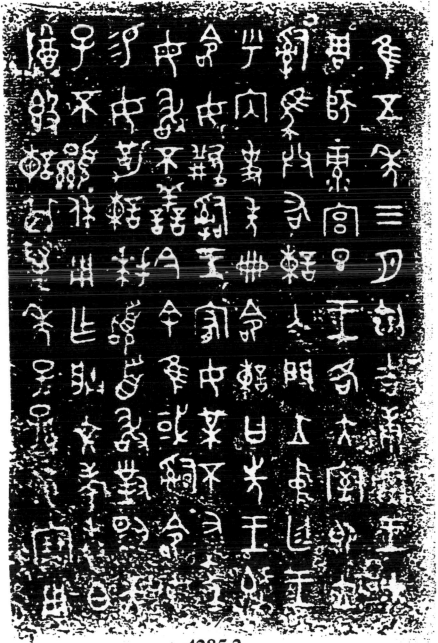

4285.2

04285 諫𣪘

圖版八〇

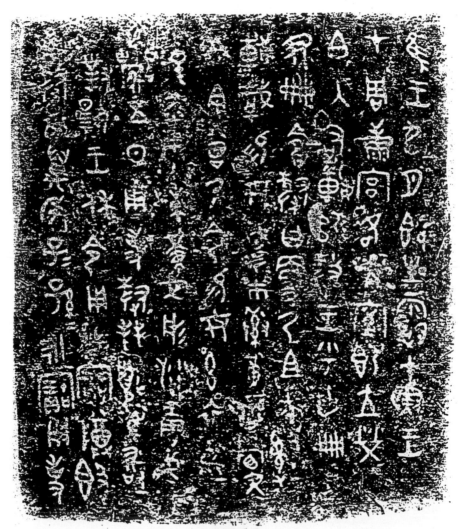

4286-9

04286 輔師嫠設

圖版八一

4287-9

04287 伊𣪕

圖版八二

4288.1

04288 師酉殷

圖版八三

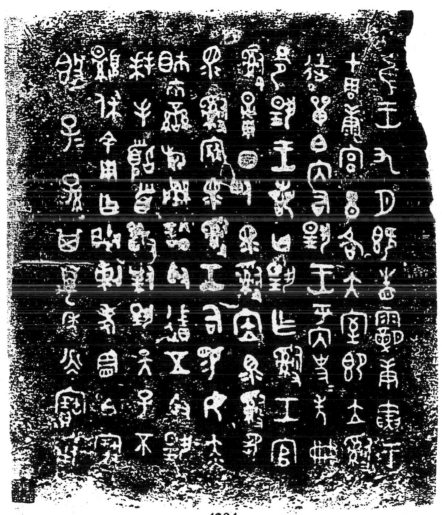

4294

04294 揚段

圖版八四

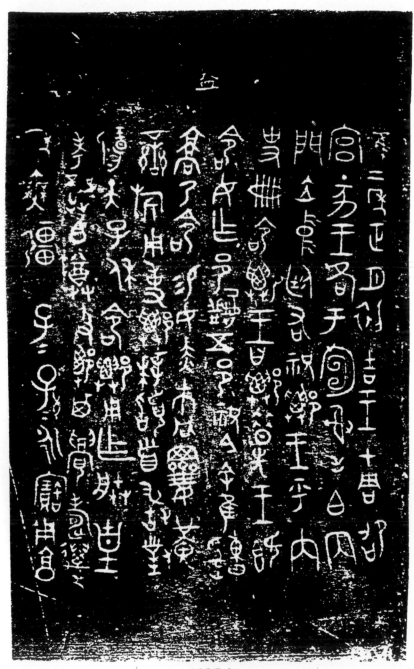

4297.1
04297 鄅毁蓋

圖版八五

4298-9

04298 大殷蓋

圖版八六

4300-8

04300 作冊夨令毁

圖版八七

4302-9

04302 彔伯㲃段蓋

圖版八八

4303.2-8

04303 此殷

圖版八九

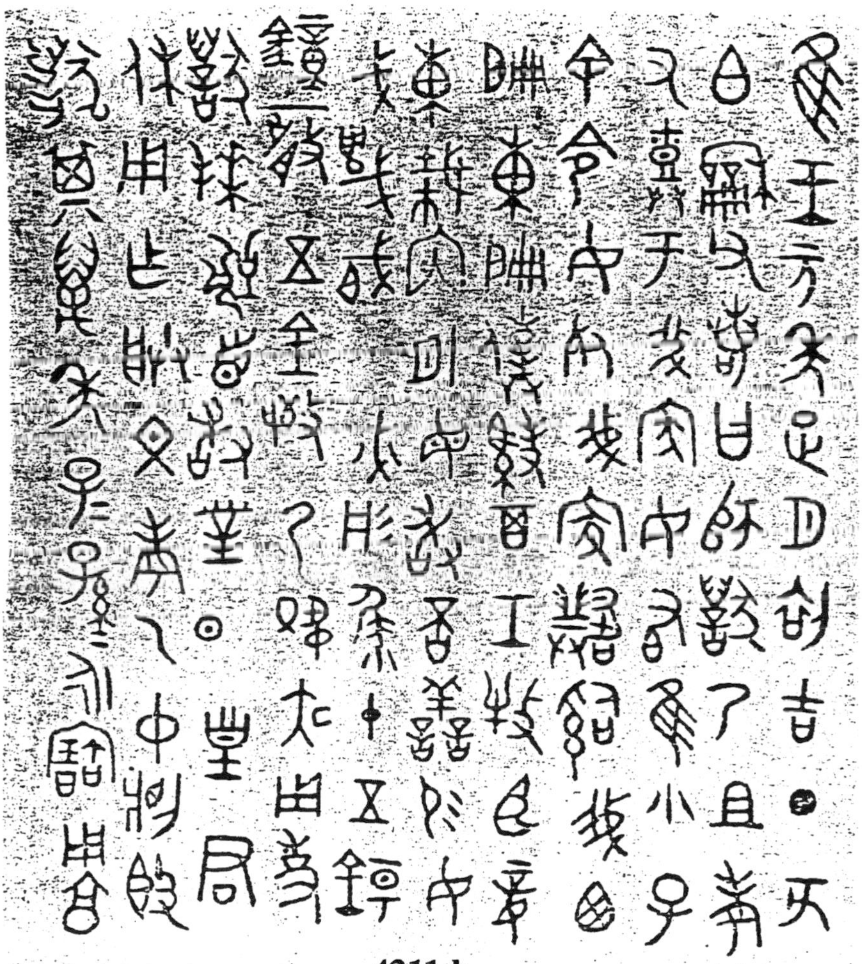

4311.b

04311 師獸𣪻

圖版九〇

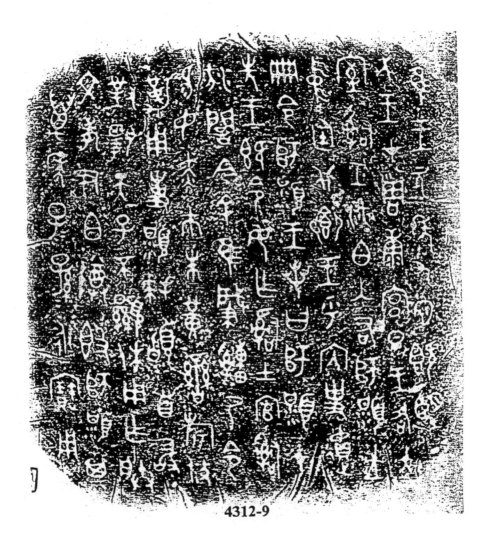

4312-9

04312 師頪段

圖版九一

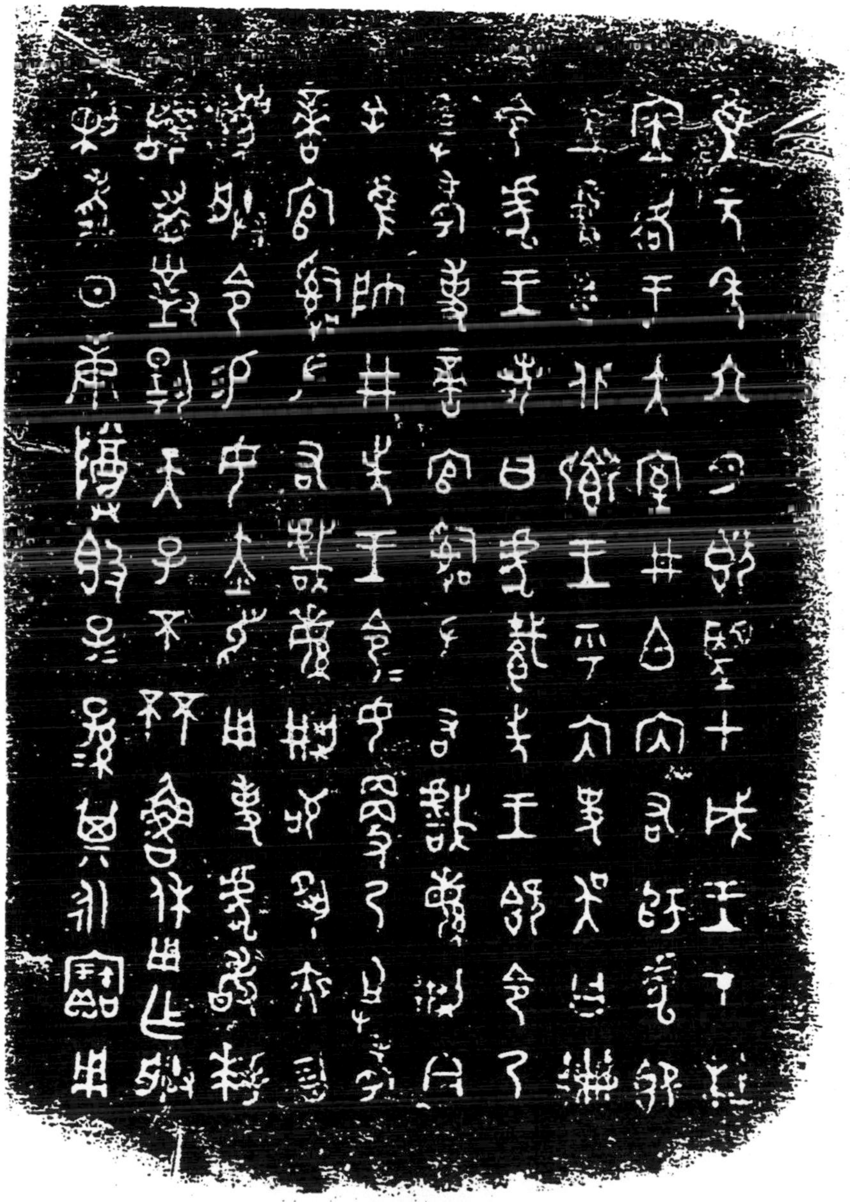

4316-9

04316 師虎𣪘

圖版九二

4318.2-8

04318 三年師兌殷

圖版九三

4320-9

04320 宜侯夨殷

圖版九四

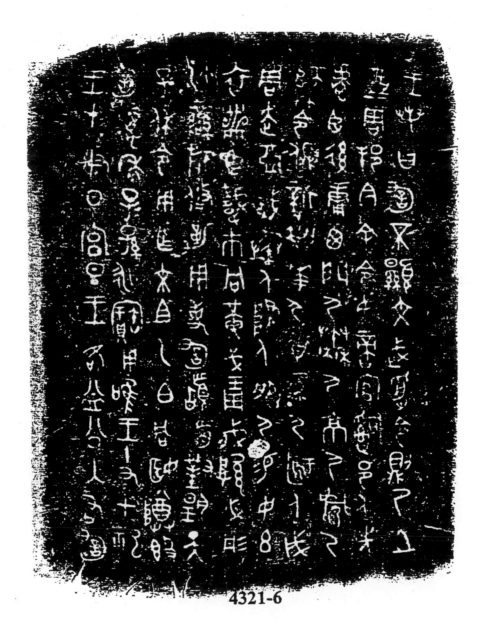

4321-6

04321 旬𣪘

圖版九五

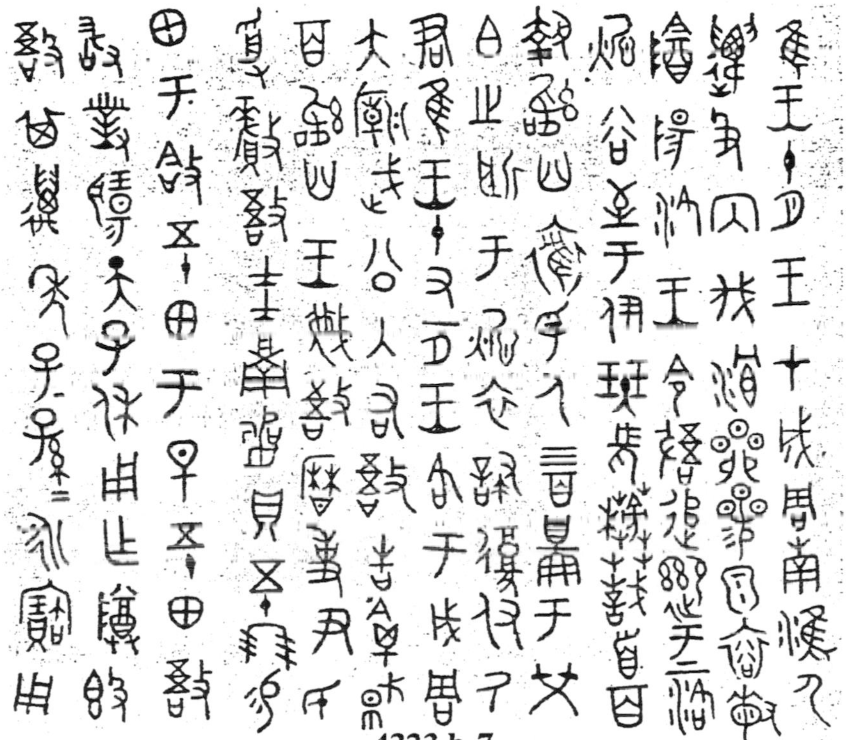

4323.b-7

04323 敢設

圖版九六

4324.1-9

04324 師嫠殷

圖版九七

4324.2-7

04324 師嫠段

圖版九八

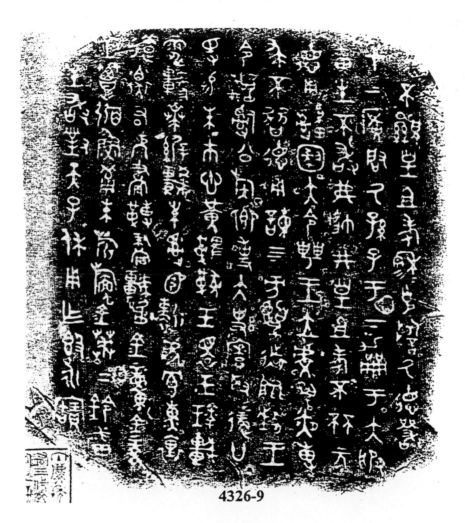

4326-9

04326 番生殷蓋

圖版九九

4327-8

04327 卯殷蓋

圖版一〇〇

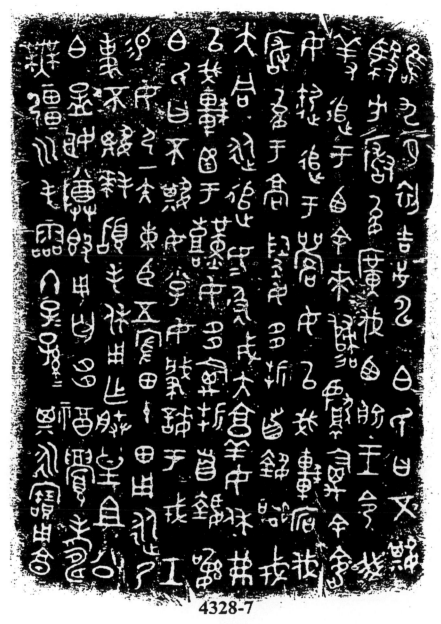

4328-7

04328 不娶殷

圖版一○一

4331-8

04331 芈伯歸夆段

圖版一〇二

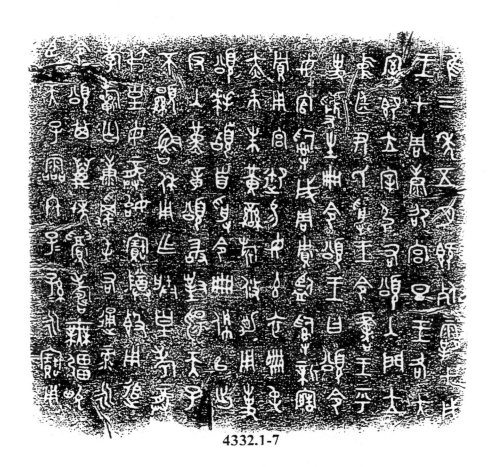

4332.1-7

04332 頌段段

圖版一〇三

4340-8

004340 蔡毁

圖版一〇四

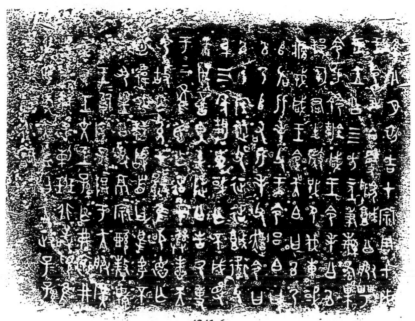

4341-6

04341 班設
04342 師訇設

4342.b-6

圖版一〇五

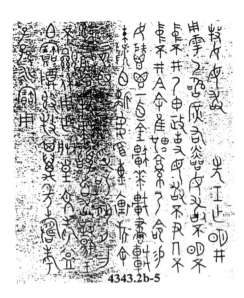

4343.2b-5

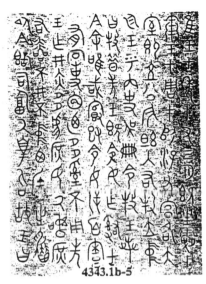

4343.1b-5

04343 牧𣪕

4462-7

04462 㝬盨

圖版一○六

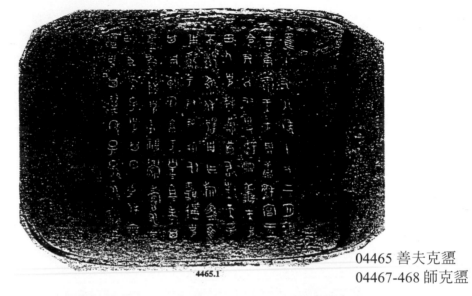

4465.1

04465 善夫克盨
04467-468 師克盨

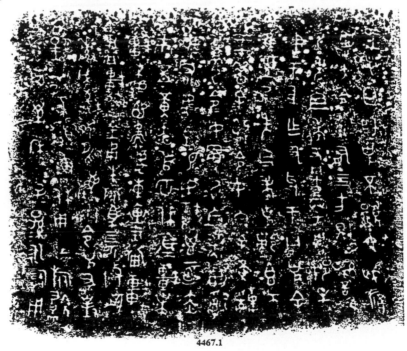

4467.1

圖版一○七

蓋

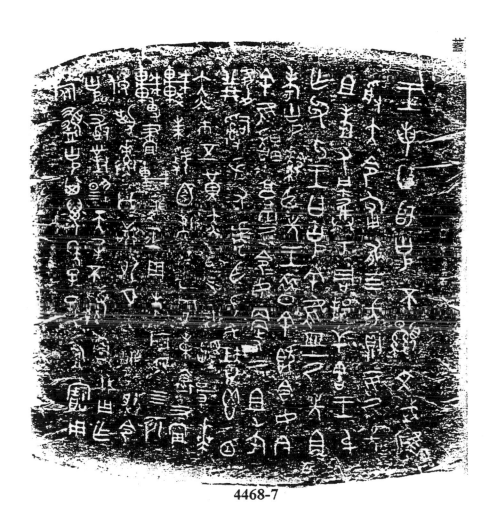

4468-7

04467-468 師克盨

圖版一○八

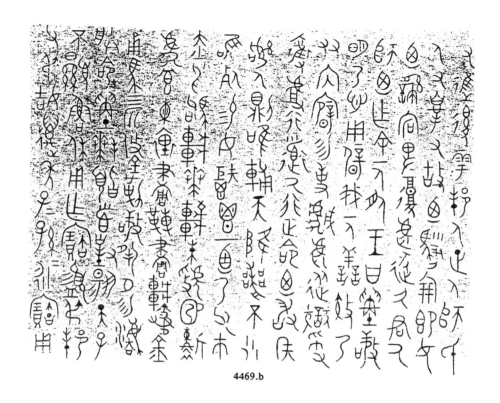

4469.b

04469 羋盨

圖版一〇九

05319 蚊高卣

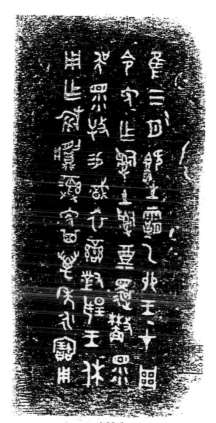

04626 免簠

05352 小臣豐卣

05333 束乍父辛卣

圖版一一〇

5361.1-7

5355.1-7

05361 臘乍父辛卣蓋　　05355 軓卣
05383 岡刲卣　　　　　　05374 圍卣

5383.1-7

5374.1-8

圖版一一一

5385-8

5384.1-7

05385 息伯卣　　05384 耳卣
05390 伯宮父卣　05388 顥卣

5390-7

5388.1

圖版一一二

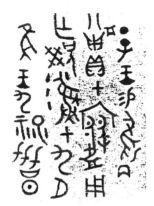

5397.1b-9

5391.1b-7

05397 崙申乍兄癸卣   05391 執卣
05399 盂卣   05398 同卣

5399.2-8

5399.1

5398.1-8

圖版一一三

5402.1-7

5400.1

05402 趞卣　　05400 乍冊魝卣
05404 啇卣　　05403 豐卣

5404.1

5403.1-8

圖版一一四

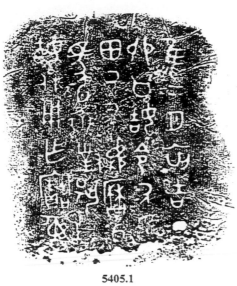

5405.1

5404.2-8

05405 次卣　　05404 商卣
05407 作冊睘卣　　05405 次卣

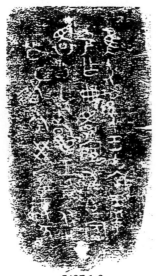

5407.1-9

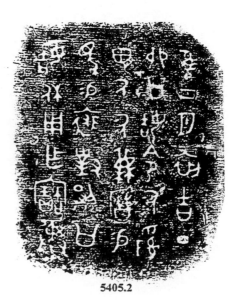

5405.2

圖版一一五

5409.1

5408-9

05409 貉子卣　05408 靜卣
05411 稿卣　05409 貉子卣

5411.1b

5409.2

圖版一一六

5415.1-8

5411.2b-8

05415 保卣

05411 稽卣

5415.2-8

圖版一一七

5416.1-8

05416 豐卣

05418 免卣

5418-8

5416.2-7

圖版一一八

5421.1

5421.2

05421 士上卣
05425 競卣　　　05419 彔致卣

5425.1

5419-8

圖版一一九

5425.2

05425 競卣
05426 庚嬴卣

5426.2-6

5426.1-7

圖版一二〇

5430.1-8

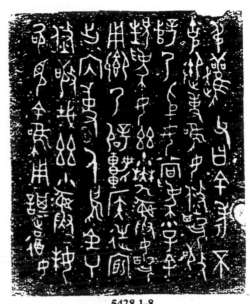

5428.1-8

05430 繁卣　　05428 叔趯父卣
05432 作冊魋卣　05431 高卣

5432.1

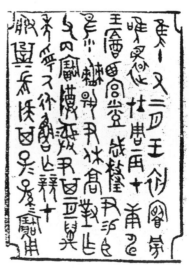

5431.b

圖版一二一

5962-6

5433.1

05962 叔<img_1>方尊　　05433 效卣

05973 父乙尊　　05971 執尊

5973.b-9

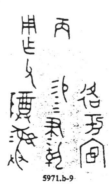

5971.b-9

圖版一二二

5975-6

5974-9

05975 徵作父乙尊　　05974 蔡尊
05978 復作父乙尊　　05977 牆刲尊

5978

5977-7

圖版一二三

5984

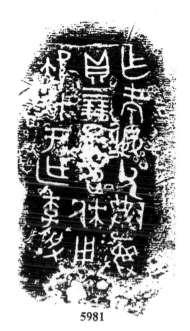

5981

05984 能匋尊　　05981 歊尊
05986 隞作父乙尊　05985 噈士卿父戊尊

5986-7

5985-9

圖版一二四

5988-9

5987

05988 斳尊　　05987 臣衛父辛尊

05989 作冊睘尊

5989

圖版一二五

5992

5991

05992 趞尊　　　05991 作冊䰧父乙尊
05996 豐作父辛尊　05994 次尊

5996

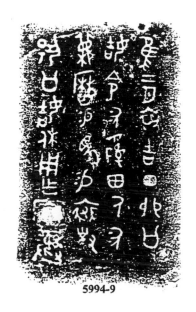

5994-9

圖版一二六

5995.b

5997

05995 師艅尊　　05997 商尊
05999 士上尊

5999

06000 子黃尊

6000

圖版一二七

6002-9

06002 作冊折尊

6001.b

06001 小子生尊

06003 保尊

6003

圖版一二八

6006-8

6004-7

06006 免尊　　06004 豐尊
06008 䚊尊　　0600 耳尊

6008-9

6007-7

圖版一二九

6012-9

06012 盠駒尊蓋

6009-9

06009 效尊

06011 盠駒尊

6011.2

6011.1-9

圖版一三○

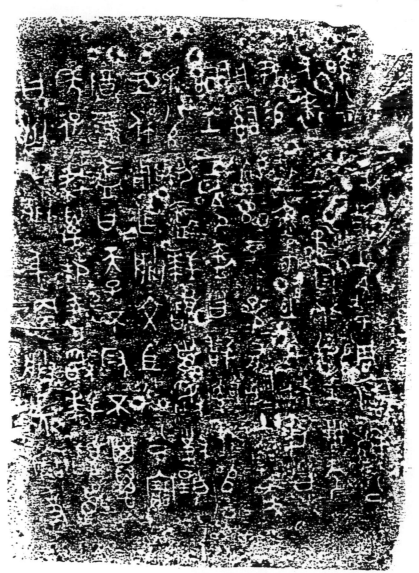

6013

0601 盠方尊

圖版一三一

6014

06014 珂尊

圖版一三二

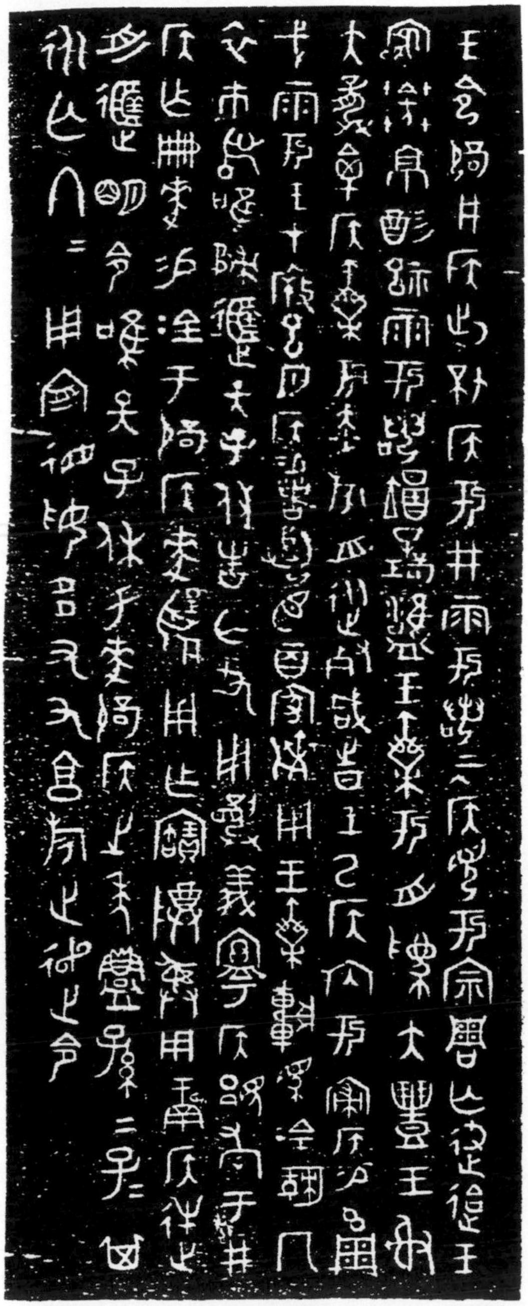

06015 麥方尊

6015.b

圖版一三三

06016 矢令方尊

6016-9

圖版一三四

6510.1-8

6509.1-9

06510 庶觶　　06509 厤觶
06514 中觶　　06512 小臣單觶

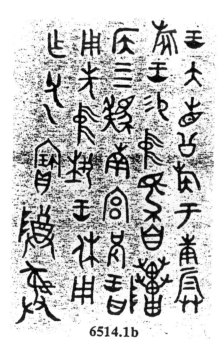

6514.1b

6512-8

圖版一三五

6516-8

6514.2b

06516 趩觶　　06514 中觶
09094 朢父甲爵　07310 貝父乙觚

9094.1

7310-9

圖版一三六

9103-6

9099-9

09103 御正良爵　09099 征作父辛角
09303 作冊折觥　09104 盂爵

9303.1-5

9104-7

圖版一三七

09439.1-7

09439 亞其侯父乙盉
09451 麥盉

9451-8

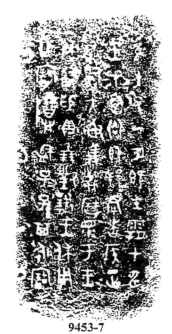

09453 義盉蓋

9453-7

圖版一三八

9646.1-8

9454.1-8

09646 保侃母壺　　09454 士上盉
09714 史懋壺　　09702夨伯壺蓋

9714

9702-6

圖版一三九

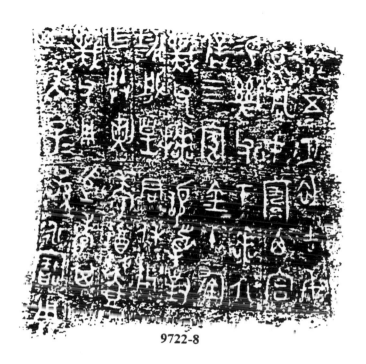

9722-8

09721-722 幾父壺
09723 十三年瘋壺

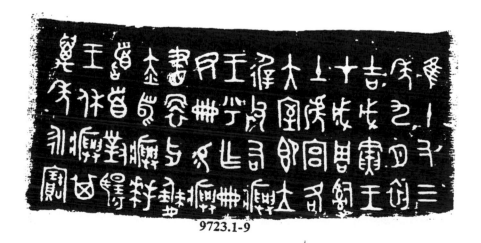

9723.1-9

圖版一四〇

9723.2-9

09723 十三年瘨壺

9725.b-7

09725 伯克壺
09726 三年瘨壺

9726-7

圖版一四一

9728-7

09728 曶壺蓋

圖版一四二

9731.1-2

09731 頌壺

圖版一四三

9893.1b

9893.2b

09893 井侯方彝(麥方彝)

09888 叔匙方彝

9895.1

09895 折方彝

9888.1-7

圖版一四四

9897.1-8

9895.2-9

09897 師遽方彝　　09895 折方彝
09898 吳方彝蓋

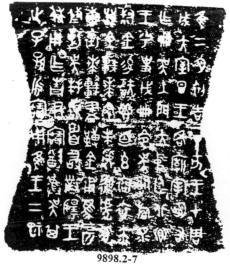

9898.2-7

9898.1-7

圖版一四五

9899.2-6

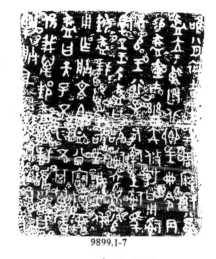

9899.1-7

09899 盠方彝
10105 陶子盤

09901 夨令方彝

10105-8

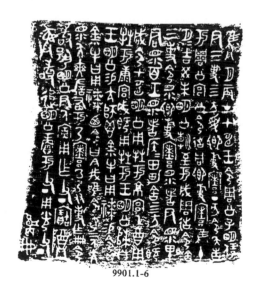

9901.1-6

圖版一四六

10166-6

10161-6

10166 鮮段　　10161 免盤
10168 守宮盤

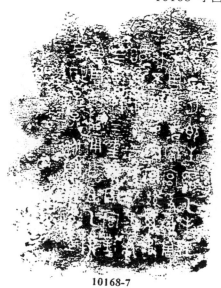

10168-7

10168-6

圖版一四七

10169

10169 呂服余盤

圖版一四八

10170

10170 走馬休盤

圖版一四九

10172-8

10172 袁盤

圖版一五〇

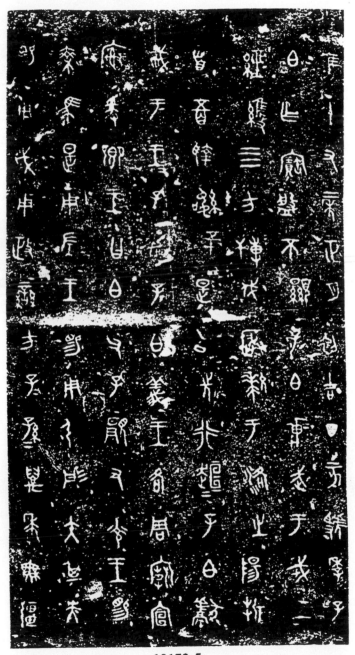

10173-5

10173 虢季子白盤

圖版一五一

10174-7

10174 兮甲盤

圖版一五二

10322-7

10360-6

10322 永盂
10360 豐圜器

圖版一五三

N198701-03 逨鐘(《文博》1987：2)　　N198601-02 殷設(《考古與文物》1986：4)

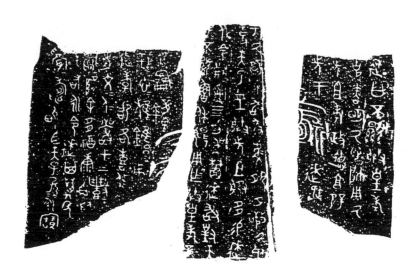

圖版一五四

N198902 孟員瓶
(《考古》1989：5)　　N198901 孟員鼎
(《考古》1989：5)

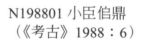

N198801 小臣伯鼎
(《考古》1988：6）

N198903 伯唐父鼎
(《考古》1989：5）

N198704 尸伯殷
(《文博》1987：4）

圖版一五五

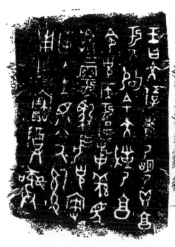 

N199001 太保罍　　　N199002 太保盉
(《考古》1990：1)　(《考古》1990：1)

（蓋）

N199003 僕麻卣　　　N199004 高鼎
(《考古》1990：5)　(《考古》1990：5)

（器）

圖版一五六

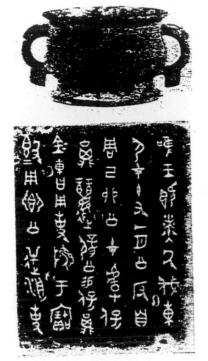

N199101 保員段
(《上海博物館集刊》六)

N199005 達盨蓋(《文物》1990：7)

N199301 冒鼎
(《上海博物館集刊》六)

圖版一五七

N199102 敔殷
(《考古與文物》1991：6)

N199701 輪伯慶鼎
(《第三屆國際中文字學研
討會論文集》)

N199602 簠卣
(《上海博物館集刊》七)

圖版一五八

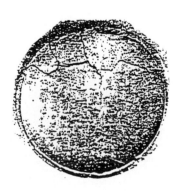

N199601 虎殷蓋
(《考古與文物》1997：3)

圖版一五九

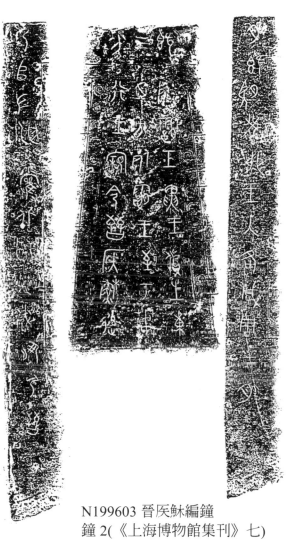

N199603 晉厌穌編鐘
鐘 1(《上海博物館集刊》七)

N199603 晉厌穌編鐘
鐘 2(《上海博物館集刊》七)

圖版一六〇

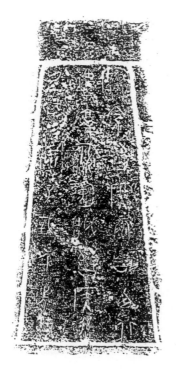

N199603 晉戻穌編鐘
鐘 4(《上海博物館集刊》七)

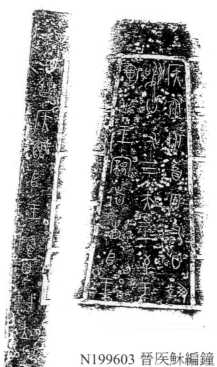

N199603 晉戻穌編鐘
鐘 3(《上海博物館集刊》七)

N199603 晉戻穌編鐘
鐘 5(《上海博物館集刊》七)

圖版一六一

N199603 晉厌觫編鐘
鐘 6(《上海博物館集刊》七)

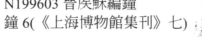

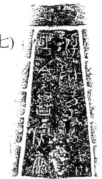

N199603 晉厌觫編鐘
鐘 9(《上海博物館集刊》七)

N199603 晉厌觫編鐘
鐘 7(《上海博物館集刊》七)

N199603 晉厌觫編鐘
鐘 8(《上海博物館集刊》七)

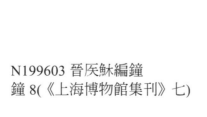

圖版一六二

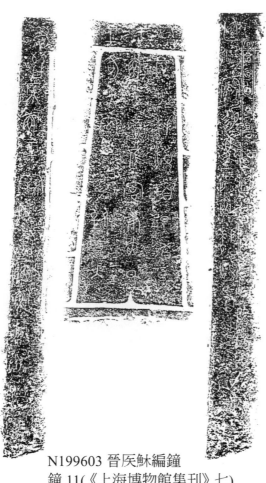

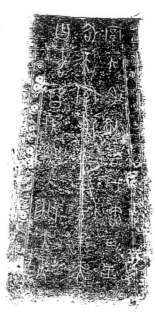

N199603 晉厌穌編鐘
鐘10(《上海博物館集刊》七)

N199603 晉厌穌編鐘
鐘11(《上海博物館集刊》七)

圖版一六三

N199603 晉㠱穌編鐘
鐘 13(《上海博物館集刊》七)

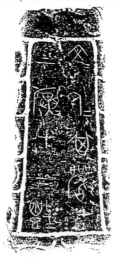

N199603 晉㠱穌編鐘
鐘 12(《上海博物館集刊》七)

N199603 晉㠱穌編鐘
鐘 15(《上海博物館集刊》七)

N199603 晉㠱穌編鐘
鐘 16(《上海博物館集刊》七)

N199603 晉㠱穌編鐘
鐘 14(《上海博物館集刊》七)

圖版一六四

N199801 柞白毁
(《文物》1998：9)
N199802 宰獸毁
(《文物》1998：8)

圖版一六五

N199803 匍盉
(《文物》1998：4)
N199804 靜方鼎
(《文物》1998：5)

圖版一六六

N199805 吳虎鼎
(《考古與文物》1998：3)

圖版一六七

N199901 从毁
（《保利藏錢》）
N199902 應國再毁
（《保利藏錢》）

（器）

（蓋）

圖版一六八

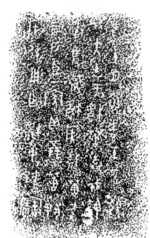

《新收殷周青
銅器銘文暨器影彙編》
器號 1891(頁 1266)

N200102 士山盤
(《中國歷史文物》2001：2)

N200101 叔夨方鼎
(《文物》2001：8)

圖版一六九

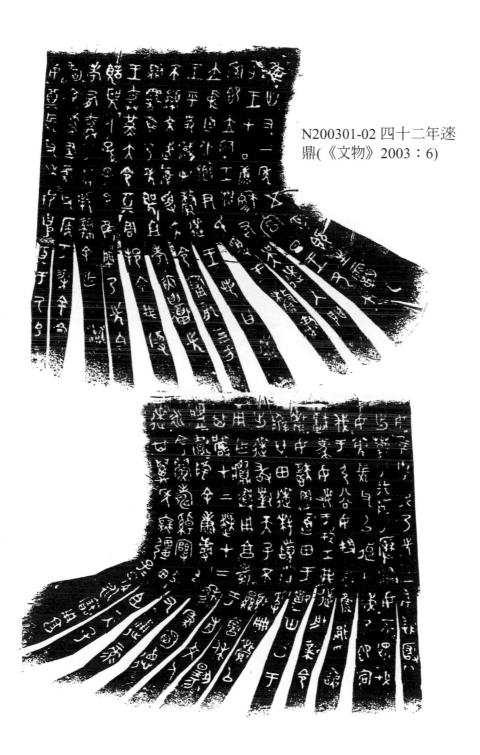

N200301-02 四十二年逨
鼎(《文物》2003：6)

圖版一七〇

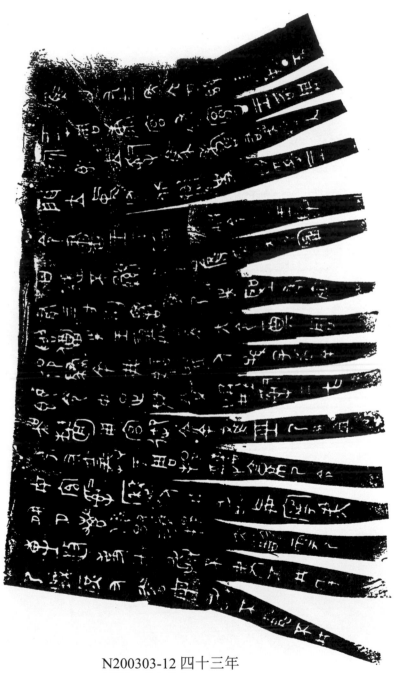

N200303-12 四十三年
逑鼎(《文物》2003：6)

圖版一七一

N200303-12 四十三年逨鼎

(《文物》2003：6)

圖版一七二

N200313 逨盤
(《文物》2003：6)

圖版一七三

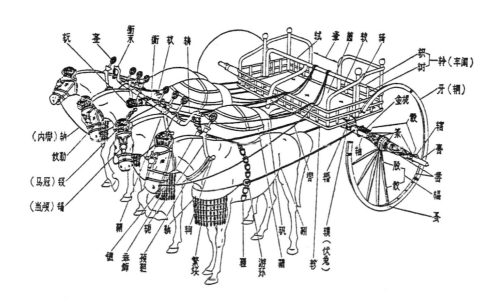

周代駟馬車綜合復原圖
(《文物》1980：5)

附　表

附表一　西周早期官制系統表

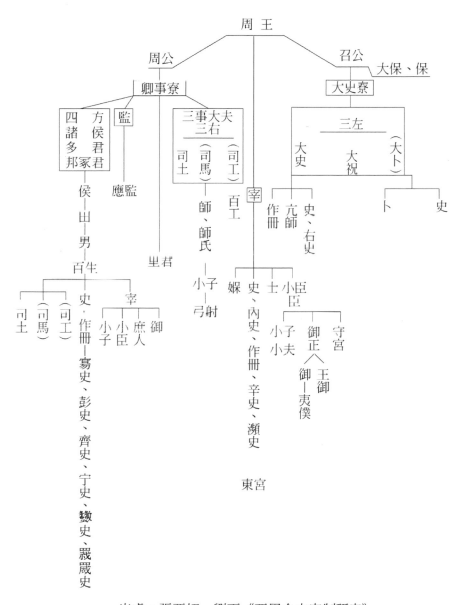

出處：張亞初、劉雨《西周金文官制研究》

附表二　西周中期官制系統表

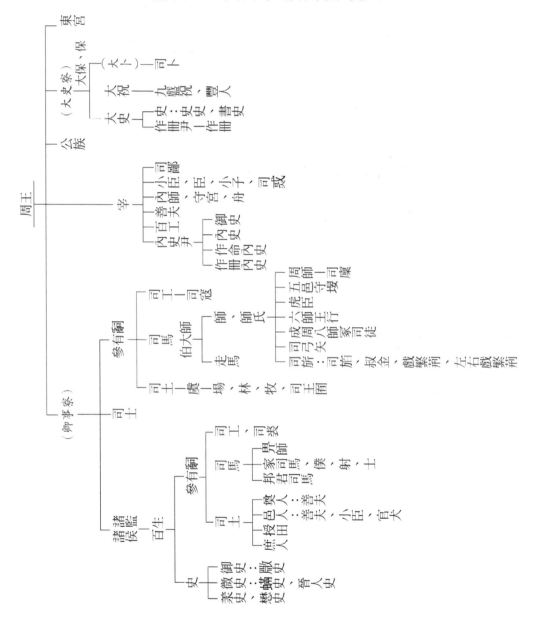

出處：張亞初、劉雨《西周金文官制研究》

附表三　西周晚期官制系統表

周王
（冢　宰）
番生、毛公等

大史寮　大史寮

公族

宰

大卜
大祝　祝五邑
大史　作冊尹省史

內史尹—內史
小子—小臣—小射，庶魚
諸尹天輔，輔師　鼓，鐘
夷僕小臣，司輔僕小

參有嗣

司工—司馬司應嗣寇
司量田九
嗣貯—佃，六師牧，場，義，夷場，佃
善夫一司

司馬—師大師
師，師氏
左右師氏
虎臣—左成戍，右虎戚走亞戲，射
走馬—左五邑走右走馬馬，正側走亞

卿事寮

司土（徒）
楚邑走馬里君—五邑佃人
里人人

司工—土、沝虞

四方諸侯大亞

參有嗣
司馬—百工
司徒—虞佃邑人人
求，牧

宰—小小戎子臣，小門人臣，

史—史嗣嗇　鞭史正用，鼓，鐘

諸監　榮監

出處：張亞初、劉雨《西周金文官制研究》

附表四

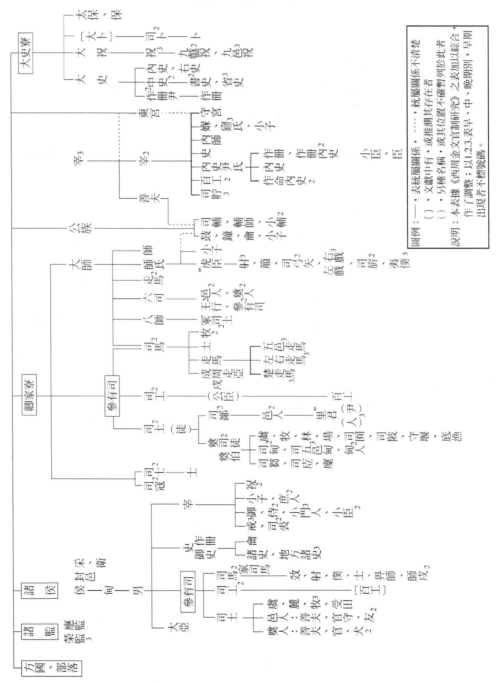

出處：王貴民《商周制度考信》

附表五　西周賞賜銘文所見官職關係表

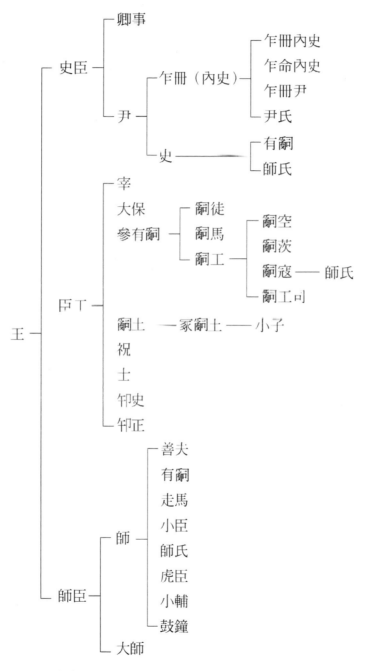

出處：黃然偉《殷周青器賞賜銘文研究》：頁 156

附表六

本表分爲西周早期與西周中晚期兩部分。西周早期僅畫簡圖，而輔以文字說明。西周中晚期則由本論文「附表四」修改而來（事事上附表四是由附表一、二、三匯整修改而得），其中的數字、線條、各符號都與該表相同，凡加「＊」者，則爲本論文已探討過之職官，本論文未探討之職官，則仍從該表所示。

西周早期

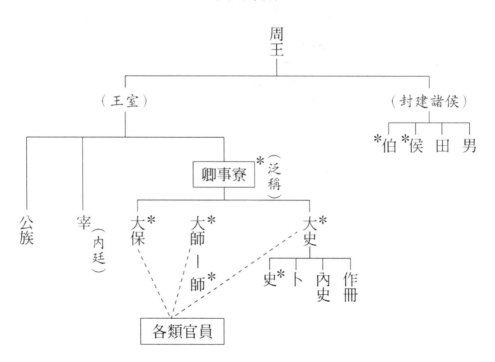

西周早期王室可能有幾個職官「分系」，大致上職官皆屬「卿事寮」這個分系，其他的如「公族」、「宰」可能獨立成爲「分系」，有些職官有從屬關係，如史、內史和作冊都屬於大史的部屬，師則爲大師的部屬，多數的職官因爲記錄有限，故不列出。

西周中晚期

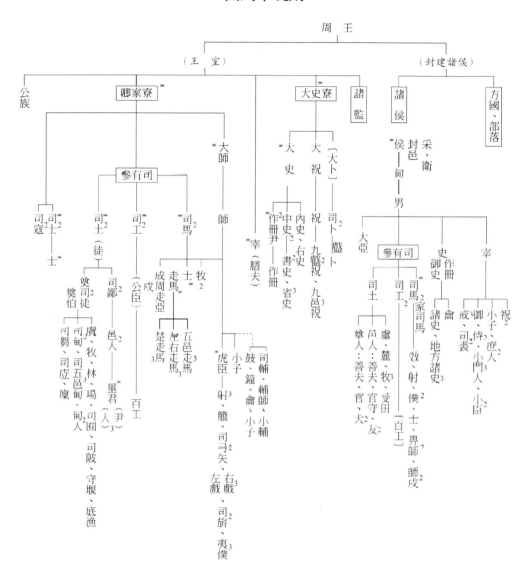

索 引

◎本索引之詞條依筆劃排例，數字表示頁數。

◎詞條中的銅器器名僅以本論文對該器有全文隸定或討論者。

◎作器人同名者，器名可能相同，但同名不一定同一人或同一器。本索引僅
為便於查尋之作。